朕說歷史

商周篇

朕說・黃桑 編繪

時報出版

朕說歷史 商周篇

編　　繪——朕說・黃桑
主　　編——王衣卉
責任企劃——王綾翊
書籍裝幀—— evian

總 編 輯——梁芳春
董 事 長——趙政岷
出 版 者——時報文化出版企業股份有限公司
108019 臺北市和平西路 3 段 240 號
發 行 專 線—（02）2306-6842
讀者服務專線— 0800-231-705・（02）2304-7103
讀者服務傳真—（02）2304-6858
郵　　　撥— 19344724　時報文化出版公司
信　　　箱— 10899 臺北華江橋郵局第 99 信箱
時 報 悅 讀 網—http://www.readingtimes.com.tw
電子郵件信箱—yoho@readingtimes.com.tw

法律顧問—理律法律事務所 陳長文律師、李念祖律師
印　　刷—華展印刷有限公司
初版一刷—2025 年 2 月 28 日
定　　價—新臺幣 420 元

時報文化出版公司成立於 1975 年，並於 1999 年股票上櫃公開發行，
於 2008 年脫離中時集團非屬旺中，以「尊重智慧與創意的文化事業」為信念。

朕說歷史. 商周篇/黃桑編繪. -- 初版. -- 臺北市 : 時報文化出版企業股份有限公司, 2025.02
272面 ; 14.8X21公分
ISBN 978-626-419-194-4(平裝)

1.CST: 夏史 2.CST: 商史 3.CST: 周史 4.CST: 通俗史話

621.309　　113020684

ISBN 978-626-419-194-4
Printed in Taiwan

黃桑

一個集傻萌與貪吃於一身的皇帝。

日常頗機靈，毒舌聊八卦。

資深窮（嗶——）肥宅，

卻胸懷整個天下。

朕说

宮廷檔案 絕密

錦衣衛（保鑣）

宮裡的「顏值擔當」，

身手不凡，冷酷面癱。

原是被派來刺殺黃桑的殺手，

卻被黃桑高價收買成為貼身保鑣。

小太監

善良可愛，
敏感細膩。
照顧黃桑的飲食起居，
是宮裡深得人心的小暖男。

朕說

宮廷檔案 絕密

宮廷寵物——然鵝

一隻永遠都吃不飽的鵝。

處於食物鏈的最底層，

是黃桑的寵物。

雖然一直被黃桑欺負，

卻幻想著有一天能稱霸皇宮。

宮廷寵物——蛋是

一隻可愛的柴犬。

看家護院，宮廷必備。

朕說 宮廷檔案 絕密

目錄

【歷史】

【百科】

1

朕說歷史
商周篇

為什麼遠古人類總是跟蛇過不去？

很久很久以前，世界一片混沌，盤古開天闢地，使得天地分開，並創造了萬物，這為原始遊牧生活向農耕文明轉化創造了有利條件。人類為了讓生存變得比以往更順利，於是形成了一個個部落。一開始，出現了天皇氏、地皇氏、人皇氏等遠古三皇。後來，不僅是他們，也有其他優秀的首領出現，例如：燧人、伏羲、神農。

然而，在一些書籍的描述中，
愛卿們可以發現一個現象。

盤古之君，龍首蛇身。

——《廣博物志》

（伏羲）蛇身人首，有聖德。

——《帝王世紀》

庖犧氏 、女媧氏、神農氏、夏后氏，蛇身人面……

——《列子》

女媧，古神女而帝者，人面蛇身，一日中七十變。

——《山海經》

為何古書描述這些首領，都說他們的身體是蛇的模樣呢？
我們先來看看這些人做了什麼？

一開始，人們的生存條件很惡劣，居住在洞穴中，人口少，地上禽獸又多，有個首領就帶領大家，在樹上建造住所，他被稱為「有巢氏」。

有巢氏
在我們這，就沒有爛尾樓。

> 古者禽獸多而人民少，於是民皆巢居以避之。晝拾橡栗，暮棲木上，故命之曰有巢氏之民。
>
> ——《莊子．盜蹠》

有房子住，還要照顧一下肚子，遠古人類的食物一般是採集來的果實、打獵來的野獸。他們過著茹毛飲血的生活，而此時一個人的出現，徹底拯救了中華老饕的胃口。

沒有什麼是一頓燒烤解決不了的。
燧人氏
這有什麼了不起的嗎？
當然很了不起！

> 燧人上觀星辰，下察五木以為火也。
>
> ——《尸子》

將食物煮熟，意味著進入人體的細菌、病菌、寄生蟲等減少了，食物的分子發生改變，更易於消化，原本一些帶有腥味的食物，諸如：魚類、貝類，在加工之後，也不再那麼腥了，人類的胃就像打開了新世界。

而充足的營養，也可以讓人們的身體更加健康，可以更完美地抵禦各種疾病。火還能為人們保暖，人們因此可以撐過幾個冰河期；人類還可用火抵禦、驅趕野獸。

雖然火有危險，但對於當時的
人類來說，好處還是要多一些。

安全有了，飲食的科技也得到了發展，人類又有了更高的需求。

一起來八卦一下！
伏羲

伏羲觀測萬物，發明了八卦，還教人編織漁網，捕魚打獵。

> 古者包犧氏（即伏羲）之王天下也，仰則觀象於天，俯則觀法於地，觀鳥獸之文與地之宜。近取諸身，遠取諸物，於是始作八卦。以通神明之德，以類萬物之情。作結繩而為網罟，以佃以漁。
>
> ——《易．繫辭下》

伏羲開始用「龍」來命名官名，設立了九個區域，讓六個人來輔助管理，這種管理方式也影響到了後代。

這意味著伏羲有一個強大的部落，還征服了其他部落。

他還發明了文字跟曆法，製造了八卦、琴瑟、武器，並規定結婚要下聘禮，且自此成為民間習俗。伏羲還教民結網，從事漁獵畜牧。

總之，德智體群美都要全面發展！
認
真
德智體群美

> 太昊包犧氏……龍馬負圖出於河，始作八卦。以龍紀官。立九相六佐，制九州。造書契，作甲曆，造琴瑟，作立基之樂。制嫁娶以儷皮為禮。造干戈。
>
> ——《竹書紀年》
>
> 伏義（即伏羲）嘗百藥而制九針。
>
> ——《帝王世紀》

在眾多部落中，也有女性當首領的部落，例如：女媧。但女媧的事蹟，多半是存在於神話傳說中。

女性撐起半邊天！

往古之時，四極廢，九州裂，天不兼覆，地不周載，火爁炎而不滅，水浩洋而不息，猛獸食顓民，鷙鳥攫老弱。於是女媧煉五色石以補蒼天……然而不彰其功，不揚其聲，隱真人之道，以從天地之固然。

——《淮南子．覽冥訓》

不過，在之後的傳說或文字記載中，女媧漸漸地變成伏羲的妹妹或者妻子，這也說明母系社會向父系社會的轉變。

黃桑你說了這麼多，那為什麼古人會認為他們是蛇身呢？
簡單地說，就是因為又尊敬又害怕。

其實不止中國，在世界其他國家的神話或傳說中，蛇出現的頻率也很高，希臘跟羅馬把蛇當成治病之神，古印度跟印第安人都曾把蛇當作神。

中國的《山海經》中，還有不少把玩蛇的神，例如：雨師妾。

這一方面是因為蛇分布得比較廣；另一方面部分蛇有毒，跟大自然一樣，對遠古人類來說，那是不可控制的力量。另外，就是蛇的繁殖能力強，人類也希望增強繁殖能力，因為人口數量對於遠古人類來說很是重要。

有學者認為，蛇的形象跟雷電、樹枝、流水等自然萬物相似，遠古人類就把蛇跟萬物之神相互聯想，此後，就形成了原始圖騰。

半人半獸，實際上也表現了古人「天人合一」的思想。後來，隨著人們生產力的提高，自然力量也開始變得不那麼神祕了，歷史紀錄中，半人半獸的形象也變得越來越少，但潛意識讓蛇演變成了華夏民族最早的圖騰。

當然，自然界中有力量的動物不止是蛇，在人們的想像中，神農（炎帝）則是人身牛首。

那流傳於後世的牛頭馬面故事中，我算是再就業嗎？
炎帝
壞笑～
壞笑～
那倒不是，也許單純是因為你顏值不行。

> 炎帝神農氏，姜姓……人身牛首，長於姜水，因以為姓。
>
> ——司馬貞《史記．補三皇本紀》

炎帝嚐百草，教人們用草藥治病，種植糧食，製作農具、陶器、五弦琴，還開闢了市場，也是一個全能型人才。

這就讓農業生產有了發展的可能性，人類就有可能從狩獵遊牧的生活走向農耕文明。

> （炎帝）作五弦琴，作耒耜，教天下種穀，立《曆日》，日中為市，辨水泉甘苦，味嘗草木作《方書》，建明堂，作《中天易》。有火瑞，以火紀官。命官分職。作《下謀》之樂。
>
> ——《竹書紀年》

神農跟炎帝是否為同一個人，又或者神農指的是一個時代？目前，學術界尚且沒有定論。關於以上人物出現的順序，古書各有說法，也有將其中三位提取出來，成為新的「三皇」。

以上人名的稱呼，也可以指所在的部落。也就是說，有個部落叫「伏羲」，也有個部落叫「女媧」。

三皇時代讓人們從原始走向文明，人們的生活水準有了大幅提高，更加厲害的首領不斷出現，一場大戰即將開啟，而這也奠定了華夏誕生的基礎……

華夏五帝

2

華夏是怎樣誕生的？

朕說歷史
商周篇

前面提到遠古時期，厲害的部落首領很多，部落要發展，當然需要更好的資源。為了爭奪資源，部落之間就會產生爭奪，出現負責領導的頭目，習兵練武……

大家都知道，我向來都是以德服人，
不會對各位怎麼樣的，感動嗎？
揮來
緊抓
黃帝
德
揮去
其他部落首領
不敢動不敢動

軒轅（即黃帝）之時，神農氏世衰。諸侯相侵伐，暴虐百姓，而神農氏弗能征。於是軒轅乃慣用干戈，以征不享，諸侯咸來賓從。

——《史記．五帝本紀》

在征服了各大部落之後，黃帝就整頓軍旅，研究四時節氣變化，徵集糧食，安撫萬民，丈量土地，還訓練了很多熊、虎之類的猛獸，完全是個專業馴獸師。所以，在跟炎帝開戰之前，黃帝早就做足了準備。

還有一種說法，熊、虎等是各大部落的圖騰，黃帝訓練的是這些部落。

黃帝跟炎帝都是全能型人才，學霸跟學霸之間的競爭，當然不是一個回合說了算。這幾次戰鬥發生在阪泉的郊野，就被後人稱為「阪泉之戰」。

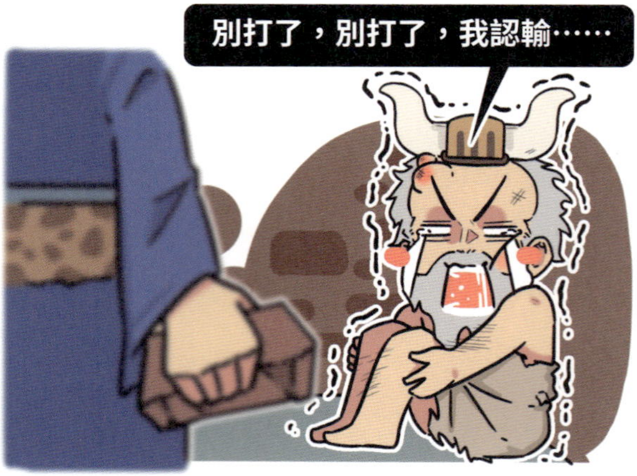
別打了，別打了，我認輸……

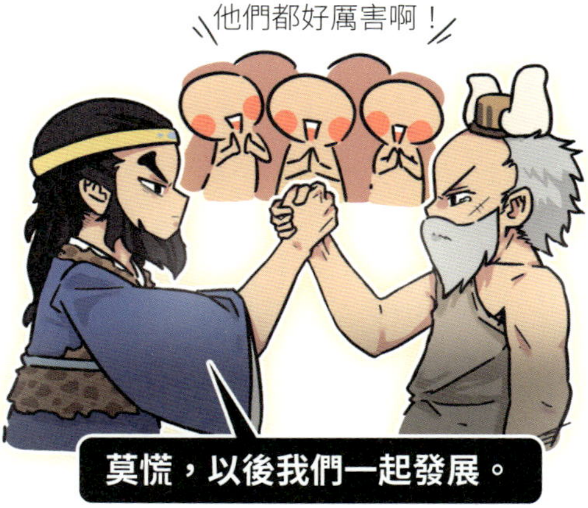
他們都好厲害啊！
莫慌，以後我們一起發展。

炎黃部落融合了，隨著歷史的演變，我們都自稱為「漢族人」。

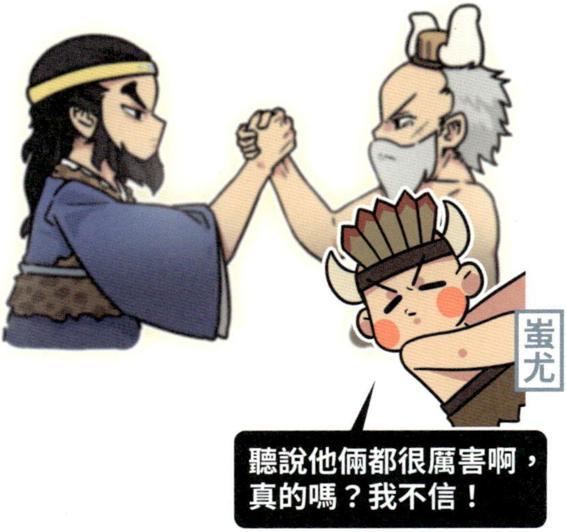
蚩尤
聽說他倆都很厲害啊，真的嗎？我不信！

> 軒轅乃修德振兵，治五氣，蓺ㄧˋ五種，撫萬民，度四方，教熊羆貔貅貙虎，以與炎帝戰於阪泉之野。三戰，然後得其志。
>
> ——《史記．五帝本紀》

關於蚩尤，《史記．封禪書》上記載：「三曰兵主，祠蚩尤。」大概就是說，蚩尤製作兵器很厲害，被稱為「兵主」。

在一些傳說中，因為熊貓的戰鬥力太弱，所以蚩尤被黃帝打敗了。這些傳說可能是從蚩尤是「兵主」，而熊貓可能是「食鐵獸」，發散而來的。

《爾雅・釋獸》：貘，白豹。

晉郭璞注：「似熊，小頭，庳（矮）腳，**本白駁（黑白毛色相間），能舐食銅鐵及竹骨。**」

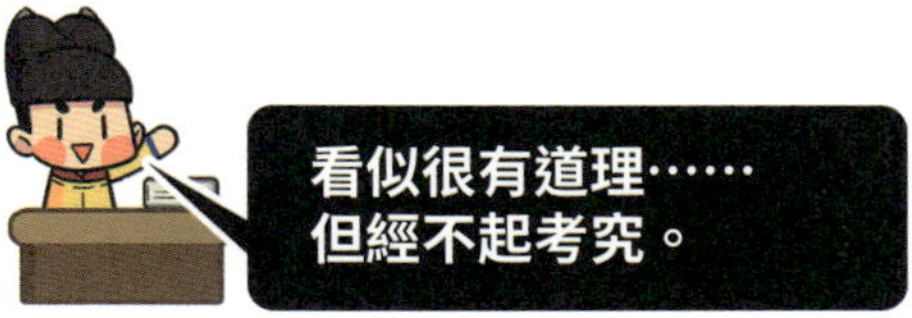
看似很有道理……
但經不起考究。

目前，中國最早的「鐵器」由甘肅臨潭磨溝齊家文化墓地出土，但這件鐵器是用來當裝飾品的，等到人們煉鐵、用鐵技術成熟到可以製作農具的時候，已經是春秋戰國時期了。

在《山海經・大荒北經》中，黃帝請了應龍來幫忙，蚩尤於是讓風伯、雨師操縱風雨，直到黃帝讓魃ㄅㄚˊ止住風雨，才贏了蚩尤。

雖然帶著神話色彩，但至少說明黃帝跟蚩尤這場涿鹿之戰很是激烈。

> 蚩尤作兵伐黃帝，黃帝乃令應龍攻之冀州之野。應龍蓄水，蚩尤請風伯、雨師縱大風雨。黃帝乃下天女曰魃，雨止，遂殺蚩尤。
>
> ——《山海經‧大荒北經》
>
> 於是黃帝乃征師諸侯，與蚩尤戰於涿鹿之野，遂禽殺蚩尤。
>
> ——《史記‧五帝本紀》

涿鹿之戰後，各個部落的大佬，就對黃帝心服口服。如果有不服的，黃帝就用征戰讓你服。另一種方式就是聯姻，作為黃帝的妻子之一的嫘祖，就是他從西陵部落娶來的，被後世稱為「蠶神」。

> 黃帝二十五子，其得姓者十四人。黃帝居軒轅之丘，而娶於西陵之女，是為嫘祖。
>
> ——《史記．五帝本紀》

考古學上，在黃帝時期的雙槐樹遺址，出土過骨質蠶雕，而同時期的遺址——青台遺址、汪溝村等周邊，還出土了迄今最早的絲綢實物。

此外，黃帝還在荊山鑄鼎，以龍為圖騰，大大增加了各大部落的凝聚力。

> 黃帝采首山銅，鑄鼎於荊山下。鼎既成，有龍垂胡髯下迎黃帝。黃帝上騎，群臣後宮從上者七十餘人，龍乃上去。
>
> ——《史記．封禪書》

各個部落在這期間融合，互相交流，並在這之後，形成了華夏族，對以後中國的歷史產生了重大的影響。

???
按這樣說，黃帝這個部落發展得很順利，後來是怎樣沒落的呢？

《竹書紀年》裡曾記載：「（黃帝）一百年，地裂，帝陟ㄓˋ。」也就是說當時發生過地震，黃帝部落可能因此遭到很嚴重的破壞。而在疑似黃帝時期的雙槐樹遺址上有個特別的地方——

考古學家們發現雙槐樹遺址上，有多處古地震遺跡，震級不小於六級。

地震使部落的強弱發生了變化。這之後，也出現了很多優秀的部落首領，例如：聚集了很多鳥圖騰的部落——少昊，後來發展出「鳳」這種圖騰。

部落之間的競爭也繼續存在，「水利工程師」共工就跟顓頊戰鬥過，這就是神話裡共工怒觸不周山的故事。

在不同的記載中，共工跟不同的人都打過架。但這個記載也在側面說明，當時水患對人類的影響很大。
共工怒觸不周山

> 昔者，共工與顓頊爭為帝。
>
> ——《淮南子．天文訓》

祝融，在神話中是火神，也是灶神。祝融這個部落是後世楚人的先祖，所以楚地多水，卻崇拜火。

> 楚之先祖出自帝顓頊高陽……帝乃以庚寅日誅重黎，而以其弟吳回為重黎後，復居火正，為祝融。
>
> ——《史記．楚世家》

帝嚳ㄎㄨˋ治理好部落的同時，還大力發展音樂，音樂好聽得鳳凰、大翟ㄉㄧˊ等都跟著節奏起舞。

高辛生而神靈，自言其名。……帝嚳溉執中而遍天下，日月所照，風雨所至，莫不從服。

——《史記·五帝本紀》

帝嚳命咸黑作為聲歌，九招、六列、六英……因令鳳鳥、天翟舞之。帝嚳大喜，乃以康帝德。

——《呂氏春秋·古樂》

此外，還有堯、舜等，帝堯公平執法，讓百姓有法可依。帝舜勤政愛民，在野外奔波過勞而死。鯀跟大禹都在治水……他們都為華夏文明的發展奠定了堅實基礎。於是，《史記》將黃帝、顓頊、帝嚳、堯、舜稱為「五帝」。

> 堯能單均刑法以議民，舜勤民事而野死，鯀障供水而殛死，禹能以德修鯀之功。
>
> ——《國語．魯語上》

黃桑，為什麼我閱讀這段歷史，總覺得這些首領無所不能？

先秦之前文史哲不分，再加上年代遙遠，遠古歷史總會有神話色彩。另外，還需要強調的是，這些名字可能不單單是指具體某個首領，還可能指某個部落。

在後期，堯、舜、禹等部落首領，透過「禪讓」，把首領之位，主動讓給那些品德高尚、能力強的人。

洪水、地震……在這之後，大自然又是怎樣影響著中華民族的發展？

3

朕說歷史
商周篇

一場史前大洪水竟讓一個國家誕生了

古中國把長江和黃河比作母親河，然而，四千多年前，黃河就發了一次大脾氣。

洪水，差點給當時的人類帶來了毀滅性災難！

當時，黃河周邊有很多部落，這些部落是先夏、先商等文化的起源。

雖然我們看歷史似乎是一個朝代取代另一個朝代，但遠古時期有多種文化存在，共同發展。
這時候有多個部落酋邦存在，那第一個國家是怎樣誕生的呢？

大家都知道堯、舜、禹都有個使命，就是治水。為此，大禹還三過家門而不入。

問題可能就在這。

堯、舜、禹時期，曾發生過一場罕見的洪水，很多古籍上都有記載。

洪水芒芒，禹敷下土方。

——《詩經．商頌．長髮》

湯湯洪水方割，蕩蕩懷山襄陵，浩浩滔天。

——《尚書．堯典》

當堯之時，天下猶未平，洪水橫流，氾濫於天下……禹疏九河，瀹濟漯，而注諸海；決汝漢，排淮泗，而注之江，然後中國可得而食也。

——《孟子．滕文公章句上》

洪水滔天，鯀竊帝之息壤以湮洪水，不待帝命；帝令祝融殺鯀於羽郊。鯀複生禹，帝乃命禹卒不土。以定九州。

——《山海經．海內經》

洪泉極深，何以填之？地方九則，何以墳之？

——《楚辭．天問》

四千多年前，這場「史前大洪水」是怎樣發生的呢？在《大禹治水的地理背景》和《黃河中——上游地區是否普遍發生過「史前大洪水」事件的討論》等書中提到了幾個原因：

① 行星運動帶來的引力變化，氣溫大降，季風降水異常。

② 黃河改道，黃河由於泥沙不斷淤積和壅塞，河床漸漸不穩。

③ 地表植被覆蓋率較低，水土流失加劇。

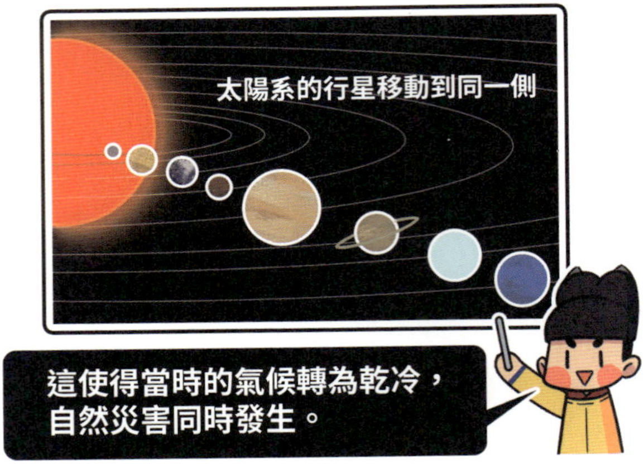
太陽系的行星移動到同一側
這使得當時的氣候轉為乾冷，
自然災害同時發生。

黃河上游地區的喇家遺址，就大概率是被洪水毀壞的，其中出土了一個女性護著小孩子的遺骸，以及目前世界上最早的麵條食物。

據 DNA 檢測，這個大人跟小孩沒有
血緣關係，災難面前，大人本能地護
住小孩。

吃碗麵都不能安心……
遠古人類甲
遠古人類乙
如果有哪位老大能解決洪水問題，我肯定當他小弟！

所以，治理洪水，幾乎是當時每個首領的課題。

我要築造堤壩堵住洪水。
鯀
大禹
我疏通河道。

> 箕子乃言曰：「我聞，在昔，鯀堙洪水，汩陳其五行……」
> ——《尚書．洪範》
>
> 天命禹敷土，隨山濬川。
> ——西周中期銅器「遂公盨ㄒㄩˇ」銘文

治水方式不同，導致兩人的結局也不一樣，鯀被流放，而舜得到了大家的支持。

> 九年而水不息，功用不成。於是帝堯乃求人，更得舜……於是舜舉鯀子禹，而使續鯀之業。
> ——《史記．夏本紀》

當然，治理黃河水患不是一件容易的事情，大禹勞心勞力，治水持續時間長，在外就有十三年，三過家門而不入，這個過程肯定需要協調各大部落的關係，而大禹也透過自己的智慧，贏得了各大部落的支持。

> 乃勞身焦思，居外十三年，過家門不敢入。薄衣食，致孝於鬼神。
>
> ——《史記．夏本紀》

在《夏朝前夕洪水發生的可能性及大禹治水真相》一書中也提及，在大禹時期，氣候已經開始好轉。

連老天都在幫我。
上天寵兒

堯、舜、禹時期，還透過對三苗集團的討伐，讓華夏的版圖進一步擴大。

這也為大禹建立國家打下了基礎。

> 昔者三苗大亂，天命殛之……禹親把天之瑞令，以征有苗，四電誘祇，有神人面鳥身，若瑾以侍，搤矢有苗之祥。苗師大亂，後乃遂幾。
>
> ——《墨子．非攻下》

之後，堯、舜、禹透過「禪讓」，完成了統治權力的更迭。當然，這個過程有可能也不是那麼和平。

> 舜逼堯、禹逼舜、湯放桀，此四王者，人臣弒其君。
>
> ——《韓非子．說疑》

終於，在塗山，大禹召集各大部落舉行了「塗山會盟」。可以說，這次「塗山會盟」是大禹的「登基大典」。

> 禹合諸侯於塗山，執玉帛者萬國。——《左傳》

大禹在治水的時候，就已經有了管理國家的種種制度。

> 茫茫禹跡，劃為九州，經啟九道。
>
> ——《左傳．襄公四年》
>
> 夏有亂政，而作禹刑。
>
> ——《呂氏春秋．離俗覽．用民》
>
> 夏者，帝禹封國號也。
>
> ——《史記．夏本紀》

劃分**九州**

任命長官進行管理

有一套**官僚系統**

制定**法律**

定都**夏邑**

> 唐虞稽古，建官惟百，內有百揆、四嶽，外有州牧、侯伯。
>
> ——《尚書．周書》

種種跡象都顯示，夏朝誕生了。

中國的河流湖泊眾多，有許多源遠流長的大江大河。這些河流既有很多資源，但同時也蘊藏著很多危機跟苦難。

無論是遠古時期的堯、舜、禹包括共工、鯀等，還是後來的治水者，都在防洪、抗洪、蓄洪、疏浚河道的過程中，為一代又一代的中國人累積了管理經驗。

中國是世界上旱澇災害最多發的國家之一，但是，從一座座水庫、堤防開始，到如今的大壩、人工江湖，甚至現代人用南北水調、引江濟淮等大工程，實現了全國水資源的重新分配，建造了一張巨大的水網，都是用智慧在跟大自然相處，畢竟——

這是世界上最美麗的國家。

4

夏朝的存在

朕說歷史
商周篇

一般一個王朝建立之後，事情不會少，就例如——

啟
別不懂事！
暗示～
暗示～
唉，就是說，我老爸（大禹）去世之後，其他諸侯都要我當天子，這差事還挺麻煩的……

因為，堯、舜、禹秉著誰合適誰就當王的原則，用「禪讓」和平地解決問題。所以，大禹也用這種方式把王的位置讓給了掌管刑法的皋ㄍㄠ陶ㄧㄠˊ，但皋陶不是沒有能力管理好國家——

皋陶
短命
而是命短了些……

帝禹立而舉皋陶薦之，且授政焉，而皋陶卒。封皋陶之後於英、六，或在許。而後舉益，任之政。

——《史記．夏本紀》

於是，大禹就把王的位置讓給了益，但益輔佐大禹的日子不長，於是他又把王的位置讓給大禹的兒子啟。不過，《竹書紀年》中也記載了另外一種說法：「益干啟位，啟殺之。」

總之到這裡，王位的繼承就從「禪讓制」變成了「世襲制」，從此流行了好幾千年。

啟上位之後，也不是所有人都服他，就例如：有扈氏。啟跟有扈氏在「甘」這個地方開打，這就是「甘之戰」。開打前，啟還寫了一篇動員演講稿《甘誓》。

是上天要讓有扈氏滅亡的，
我只不過是替天行道！
演講會
部下
我們支持您！

聽從我命令的，我就在
祖先神靈面前獎賞他。
演講會
部下
懂事的祖先一般不讓我們打仗。

不聽命令也可以，就是讓你們提前去見祖先，把你們的家屬收為奴婢。
部下
部下
部下
部下
部下
部下
我們支持您！
真是循循善誘，以德服人呀。

雖然不知道戰爭打得有多激烈，但啟還是打敗了有扈氏，天下人終於都臣服於夏朝。

我終於守護了我的國家，可以安心把國家傳給我的後代。
太康
謝謝爸爸，可是爸爸，我還是丟了國家⋯⋯

> 啟伐之，大戰於甘……遂滅有扈氏。天下咸朝。
>
> ——《史記．夏本紀》

在繼承事業這方面，大禹可能想不到「富不過三代」。太康繼位之後，遊玩打獵，不做正經事，把國家搞得一團糟，後幾任君主也沒挽救過來。東夷有窮部落的首領羿，乘機奪權。

君主猶如太陽，那我就把它射下來，自己當老大！
你想當老大，我也想。
寒浞
后羿收留的小弟
后羿
少康
你們都別想了，把王位還回來！
《左傳》裡還真記載了后羿射箭技能很強。

> 昔有夏之方衰也，后羿自鉏遷於窮石，因夏民以代夏政。恃其射也……寒浞，伯明氏之讒子弟也，伯明后寒棄之，夷羿收之，信而使之，以為己相……靡自有鬲氏，收二國之燼，以滅浞而立少康。
>
> ——《左傳．襄公四年》

寒浞奪走后羿的王位後，卻沒想到大禹的後代少康暗地裡一邊召集部落力量，一邊派間諜女艾到敵方獲取情報，最終奪回了政權，實現了「少康中興」。

這麼高興的日子，就得用酒來慶祝。
少康
酒
關於少康，歷史裡也有他發明了秫（高粱）酒的記載。

> 使女艾諜澆，使季杼誘豷，遂滅過、戈，復禹之績。
>
> ——《左傳．哀西元年》
>
> 古者少康初作箕、帚、秫酒。少康，杜康也。
>
> ——《說文解字．巾部》

再經過幾代，夏王朝出現了一個滅亡徵兆，最後一個王這樣說道——

我掌管的天下就跟天上的太陽一樣，太陽不滅我不滅。
夏桀
你看前有后羿射日，他還說得那麼勇。

> 吾有天下，猶天之有日也。日有亡乎？日亡吾亦亡也。
>
> ——《韓詩外傳》

對於夏朝，除了各種遺址有洪水的遺跡來側面證明大禹治水這段歷史的真實性，河南省洛陽市偃師二里頭文化的發現跟挖掘，更是震撼人心。二里頭遺址中發現有宮殿、居民區、製陶作坊、鑄銅作坊、窖穴、墓葬等遺跡。

此外，還發現了一些字元——

二里頭文化與河南龍山文化相似陶字元類比示意

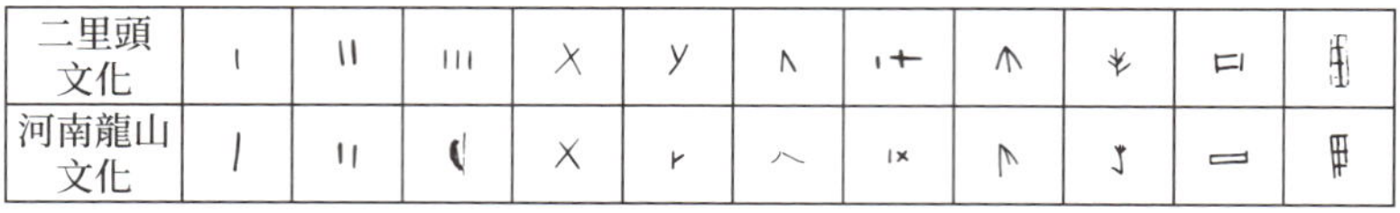

表中字元出自《二里頭文化陶字元量化分析》

中國社會科學院考古研究所二里頭工作隊隊長許宏就曾這樣評價二里頭遺址：「這是迄今可確認的中國最早的王朝都城遺址，發現有迄今所知中國最早的大型宮殿建築群、最早的宮城、最早的青銅禮器群及鑄銅作坊，還發現了最早的車轍痕跡，將中國發明雙輪車輛的年代前推了三百多年。」

當然，關於夏朝還有很多祕密未解，我們也希望未來會有更多新的發現！

5

在中國，千萬別惹這個廚師

朕說歷史
商周篇

遠古時期的人們認為，首領是天定的，不是想當就能當的，說白了就是：「我不給，你不能硬搶，除非我自己讓給你。」

所以就算是裝，也得裝得像樣點，基於上面的觀念，夏朝的王完全不擔心小弟會明著搶他的位子，夏朝最後的王夏桀曾經信誓旦旦地說：

我掌管的天下就跟天上太陽一樣，太陽不滅我不滅。
夏桀

> 吾有天下，猶天之有日也。日有亡乎？日亡吾亦亡也。
>
> ——《韓詩外傳》

這話聽起來是不是很幼稚？然而天命的說法在當時是根深蒂固且無懈可擊的。老百姓在夏桀的暴政統治下很痛苦，但沒有人破得了這個局，他們只能絕望地祈求跟太陽同歸於盡。

> 時日曷喪？予及汝皆亡。
>
> ——《商書》

直到一個彪悍的人打破了規則——

拿來吧你！
？？？你怎麼
能硬搶的？
成湯
想學？我教你啊。

成湯，也就是商朝的開國君王。為什麼偏偏他能打破所謂的「天子之命不可變」的規則，推翻夏朝？

成湯接管的商部落有什麼實力？

有一句家喻戶曉的宣言，代表了商朝的發家史：「天命玄鳥，降而生商。」

故事大概是，一個叫簡狄的女人，因為誤吞了玄鳥（燕子）的卵，所以生下了商朝的祖先契。古人喜歡往出身來源上加點異象，這樣聽起來很玄幻。

其實就表達了一個中心思想：
商部落跟鳥很親近。

他們是以鳥為圖騰的部族，而契之所以被認為是商的祖先，是因為，他早年給大禹打工，幫忙到處治水，被賜了一塊叫作「商」的封地。

夏朝和商是老大哥跟小弟的關係，不過早期他們實力懸殊，夏朝一根手指就能把商壓死。

那麼商是怎麼發展起來的呢？
主要多虧了兩個人。

一個叫相土，商部落的第三代首領，也是契的孫子，他在狩獵時經常跟野馬搏鬥，發現馬戰鬥力不行，跑得倒是很快。

認真臉
相土
要是我能坐上它，打獵速度不就起飛了？

他不僅馴服了馬用來騎乘，還馴服了大象用來打仗，商部落的畜牧業漸漸變得發達。

另一個叫王亥，是第七任首領，他的貢獻所有人肯定都聽說過——

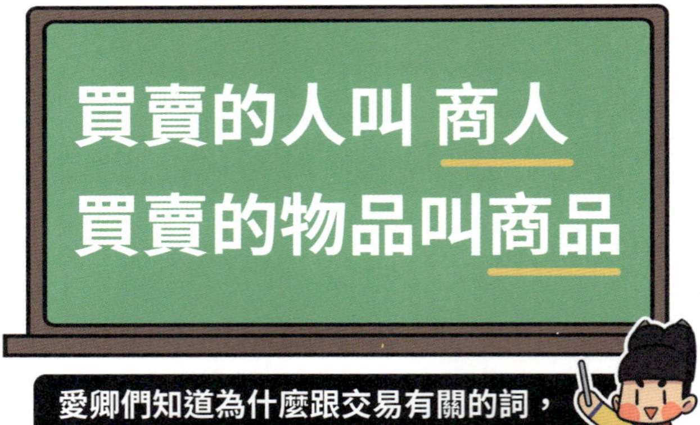
買賣的人叫 商人
買賣的物品叫商品
愛卿們知道為什麼跟交易有關的詞，前面都有一個「商」字嗎？

遠古時期各個部落比較封閉，有什麼東西基本都是內部消化，這樣就導致多出來的東西經常浪費，而不夠的東西就只能湊合著用。

王亥馴服了牛用來幫忙耕地，種地效率大大提高，糧食產量上來了。他還用牛車運輸貨物，跟各個小部落做貿易，闖出了名堂，開創了商業貿易的先河。

等過兩天商人來了，就拿這些跟他們換吃的。
部落人
部落人
他們糧食真多，不像我們，只有礦。

商部落不斷發展，一路攀升。反觀夏朝，一代不如一代。到了夏桀這代，更是腳踩了下坡的油門。

一方面，他沉迷於喝酒享樂，經常連朝都不上。據說，他造的酒池大到可以在上面行舟，建的宮殿奢華，材料花費龐大，讓老百姓不堪重負。

另一方面，他還很暴躁，經常討伐其他部落，要脅他們獻出貢品和美女，一言不合就要揍別人，有名望的大臣勸他——

這些壞習慣要是不改，
夏朝恐怕很危險啊！
關龍逢
夏桀
你這老東西也敢
教我做事？

他一怒之下就把大臣殺了，其他人都人心惶惶，覺得夏桀沒救了。

> 桀為無道，暴戾頑貪……賢良鬱怨，殺彼龍逢，以服群凶。
>
> ——《呂氏春秋》

美食家和廚師的聯合

吃對遠古人類來說是頭等大事，身為遊牧民族，狩獵是商族人生存重要的一環。商族人四面都張了網去捕獵，成湯看到了卻要撤去三面。

為什麼不把獵物都抓光啊？
商部落的人
夠吃就行了，我們要瞭解什麼叫永續發展。

這就是「網開一面」的由來

> 湯曰：「嘻！盡之矣。非桀，其孰為此也？」湯收其三面，置其一面。
>
> ——《呂氏春秋》

外頭的其他部落一聽說這件事，覺得實在太不可思議了，成湯的思想居然這麼先進，比夏桀有德行多了，首領們就陸續來投靠他。

不僅如此，越來越多人瞭解到成湯的事蹟，想為他效力。

舉個例子

伊尹是個廚師，作為有莘氏部落的臣子陪嫁到商。起初只是一個很不起眼的人，但他很有才，能深入淺出地講很多道理。有一次他見到了成湯，就從各式各樣吃的例子，聊到治理天下的道理上。

> 負鼎俎，以滋味說湯，致於王道。
>
> ——《史記》

總體而言就一個目的，勸他取代夏朝。

天上飛的，地下跑的，水裡游的，好吃的太多了。
想吃！
伊尹
只有成為天子才能享受一切唷。

> 君之國小，不足以具之，為天子然後可具。
>
> ——《呂氏春秋》

於是一個美食家，一個廚師，兩人一拍即合。

在危險邊緣試探

早期的商，夏朝只要一根手指就能壓死，但成湯接管的商，可是不一樣了。

沒錯，努力發展了這麼多年，商也頂多從一個小老弟，發展到老弟的程度，在夏朝面前還不夠強大，畢竟瘦死的駱駝比馬大，夏朝的附屬勢力太多了。

成湯先是討伐了隔壁的葛部落，又陸續討伐了有洛和荊等部落。夏朝眼看商老是偷偷討伐別人，覺得它在暗地裡搞小動作，於是下令召見成湯，讓他入朝。

這時候的商還打不過夏，不敢跟夏撕破臉，就只能應召，沒料到成湯一去，就立刻被夏桀囚禁起來。

小動作挺多的嘛，翅膀硬了？

成湯的性命，基本上就在夏桀一念之間，不過還好伊尹機靈，立馬上貢一大波寶物和美女替成湯贖罪，緩解了夏桀的怒氣。

這時夏桀可能還很自信，覺得成湯
翻不出什麼浪花，就放他回去了。

商湯滅夏

隱忍發展了幾年，眼看大家越來越嫌棄夏朝，夏朝的公眾形象一落千丈，夏朝的很多盟友也不理睬它了，成湯覺得時機成熟，於是拉幫結派，召齊盟友部落，在景亳這個地方開了個大會，讓大家聯合起來，一起打敗夏朝。

這就是歷史上的「景亳之命」。

夏和商的決戰發生在鳴條，叫作「鳴條之戰」，成湯在戰前鼓舞軍隊，而夏桀一直很自信，甚至做夢都覺得自己會贏。

結果就是，在一個雷雨天，商軍直接拚了命衝鋒，打了夏軍一個措手不及。

鳴條之戰戰敗了，夏桀灰頭土臉地逃亡，他對部下說：很後悔當年囚禁成湯的時候沒有趁機殺掉他。

> 吾悔遂不殺湯於夏台，使至此！
>
> ——《史記》

但是

後悔也只能是後悔，經此一戰，夏朝的太陽墜落了，它也註定會退出歷史舞台的核心位置。

成湯用武力成功滅掉了夏朝，打破了國王永定的說法，史稱「商湯滅夏」。

建立商朝之後，成湯想跟夏朝的習慣區分開來，夏人崇尚黑色，以黑、玄為貴，愛穿黑色的服裝。他就反著來，穿白色的服裝，把旗幟改成白色，上朝的時候定為白天。

> 湯乃改正朔，易服色，上白，朝會以晝。
>
> ——《史記》

然而

做完這些之後，他卻面臨一個難以抉擇的問題，這個問題困擾過他的祖先，未來也將困擾他的後人——地盤這麼大，到底該選哪裡當首都？

6

為什麼中國只有這個王朝最常遷都？

朕說歷史
商周篇

商朝，可以說是最強，也最折騰的搬遷戶了，它是中國古代遷都次數最多的朝代。

在沒建立商朝之前，先商就遷了八次，後來成湯建立了商朝，定都在亳這個地方，之後幾百年裡，都城又遷了五次。

殷人屢遷，前八後五。

——《西京記》

累肯定是很累，且不說遷都之後，有許多宮殿建築需要重新建造，光是大件小件的物資轉移就夠商朝人發一頓牢騷了，那麼——

一、為什麼商朝總愛遷都？

由於年代過於久遠，加上留下來的資料不多，商朝遷都的原因一直下不了定論。

有很多學者提出了各種假說，遷都的因素，基本上可以分為兩個方面：

1. 外部因素

① 水患說

商朝人居住的地方，位於黃河中下游的平原，也就是今天的河南、河北、山東一帶，跟夏朝很像，都是傍水而居。這樣的好處就是，自然資源豐富，生存的難度顯著降低。

壞處顯而易見，就像許多流域文明都有洪水滅世神話一樣，離水近的文明最怕遇上洪災。

當年夏朝為了治水患，沒有忽略各種水利工程，而商朝的地理位置，也經常會被洪澇災害所困擾，不斷遷都，可能是為了躲避洪澇，尋找更適合生存的地方。

② 遊農說

之前提到，商部落的早期基本屬於遊牧民族，到了商朝建立以後，農業慢慢地發展起來，有了固定的耕地。

在長期的耕種下，他們發現土地越種收穫越少，土壤的肥沃程度下降得很明顯，於是過一段時間，就得移動一下位置，前往其他地方耕田，這就是遊農說的基本思路。

這種假說的爭論比較大，因為商朝人民其實已經掌握了施肥方法，解鎖了用糞肥田的農業技能，能夠提高土地肥力。

湯有旱災，伊尹作為區田，教民糞種，負水澆稼。

——《氾勝之書》

③ 青銅器原材料說

在古代，青銅器是一種身分的象徵，它的用途很多，除了能當樂器、炊器、武器用，還可以用來祭祀。

就像商後母戊鼎（也叫司母戊鼎），就是一種祭器。

它是已知中國古代最重的青銅器，現收藏於中國國家博物館

那時的古人還認為，把動物的花紋畫在青銅器上，會產生不可思議的能量，可以溝通天地。

鑄鼎象物，……用能協於上下，以承天休。

——《左傳》

青銅器，也相當於巫師的趁手法杖，那麼問題來了，假如愛卿是商朝的一名貴族／巫師，會甘心只用一兩件青銅器嗎？

據考古人員統計，光是一名商王室的二等成員的墓，就能出土幾百件青銅器，需求量這麼大，總不能憑空造出來吧。這樣就意味著，要有充足的原材料——礦。

所以，頻繁地遷都，也可能是某個地方的礦產都被開採完了，要換個地方繼續挖。

2. 內部因素

上面分析的都跟自然資源有關，那換個角度思考，有沒有可能，頻繁的遷都其實跟人脫不了關係呢？

史學家曾在《殷都屢遷原因試探》中提到：「比九世亂是殷都屢遷的客觀原因。」

這個概念其實是司馬遷最先提出來的：

> 自仲丁以來，廢嫡而更立諸弟子，弟子或爭相代立，比九世亂。
>
> ——《史記》

簡單來說，就是在成湯建國以後的某一段時間裡，大家都興高采烈地玩起了一種遊戲——搶王位，導致國家內亂，局勢動盪，至於為什麼會開搶呢？

還得從成湯駕崩那會說起。

當時太子太丁意外早逝，孫子又太小，沒辦法繼承王位，於是王位就傳給了太丁的弟弟外丙。

> 湯崩，太子太丁未立而卒，於是乃立太丁之弟外丙，是為帝外丙。
>
> ——《史記》

這次破例，使得商朝開始同時實施「長子繼承」制和「兄終弟及」制，這就導致出現一個問題：如果君王駕崩了，王位到底該傳給君王的長子還是君王他弟？

我是他好兒子，應該讓我繼承王位！
長子
兄弟
王位
我還是他弟呢！兄終弟及沒聽過嗎？

按照規矩，兩者都有理由坐上王位，在這種「你合理我也合理」的模式下，自然就會引發競爭、爭鬥和內亂。

商朝自從建國之後，總共有五次遷都，而其中四次就發生在比九世亂期間。

內鬥越激烈，遷都越頻繁。

二、比九世亂到底多亂？

從第十世商王到第十八世商王，整整九世，搶王位搶得最起勁，內亂也最嚴重。

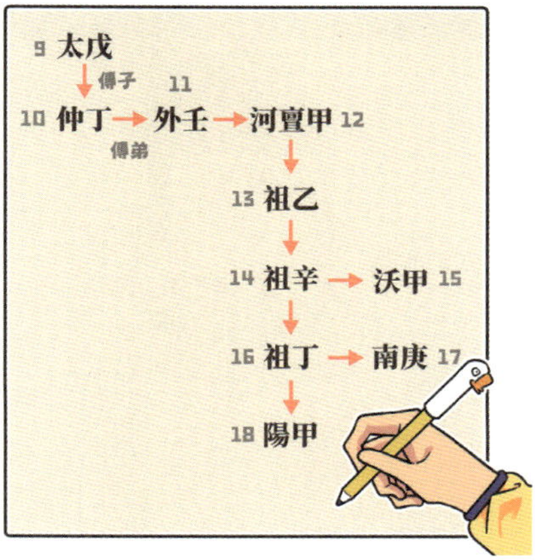
9 太戊
傳子
10 仲丁
傳弟
11 外壬
12 河亶甲
13 祖乙
14 祖辛
15 沃甲
16 祖丁
17 南庚
18 陽甲

到底有多亂呢？大概是，光看關係圖裡的名字，都能讓人頭腦混亂的那種亂。

他們取名也太隨便了吧，真難認。
其實是有講究的。

商朝用「十天干」，也就是「甲乙丙丁戊己庚辛壬癸」，來表示一種特別的意思。

有學者認為是一種基於日期或時間的象徵，也有學者認為這可能代表一種祭祀的群體編號。

君王一般是在名字的最後冠上天干，例如：陽甲、祖乙，等等。

此時一個名叫路人甲的帥哥默默走過

路人甲

總的來說，從第十世商王仲丁開始，商朝就已經亂得有點不對勁了，基本上處於裡頭難受、外頭也煎熬的局面。

舉個例子

商朝的東邊，就有一個名叫藍夷的勢力，開始頻繁入侵商朝邊境。

> 至於仲丁，藍夷作寇，自是或服或畔，三百餘年。
>
> ——《後漢書．東夷傳》

藍夷
亂，亂點好啊，你們亂，我們就能欺負你們了。

頻繁的內鬥導致實力下降，實力下降導致外敵侵略，這樣一來就造成了惡性循環。東邊的敵人虎視眈眈，而恰好在這段時間，仲丁就把都城往西邊遷，遷都可能是迫於軍事和政治上的考慮。

三、內亂和遷都的後果

以前商朝強大的時候，小弟是得來朝拜，進貢特產和寶物的。

> 正南甌鄧、桂國、損子、產裡、百濮、九菌，請以珠璣、玳瑁、象齒、文犀、翠羽、菌鶴、短狗為獻。
>
> ——《商書》

經過了頻繁的內亂和遷都，商朝元氣大傷，在其他小弟心中的威望大不如前，搞得大家都不來進貢了，一些原本的小弟，也開始翻臉不認人了。

> 及殿室中衰，諸夷皆叛。
>
> ——《西羌傳》

如果不及時處理這些問題，被其他國家取代就是不久後的事情，那麼，在這個關鍵時候，有誰能拯救岌岌可危的商朝呢？

7

朕說歷史
商周篇

真正主導自己人生的女主角就應該是這樣的

中國歷史上能持續五百年的朝代極為罕見，商朝算一個，存在了近六百年，但很少有人知道，而且它在中期還差點就被推翻。比九世亂的中商時期，商朝內亂外亂，國情慘澹，時常被各大勢力發兵騷擾。

這種別人沒事就來逗一逗你，等著看你笑話的日子，對商朝來說並不好受。商朝的百姓生活動盪，陸續地對自己的國家失去信心，甚至是失望透頂。

但是他們不知道，在之後短短幾十年、上百年的時間裡，商朝的變化會來得如此之快。

商朝
東夷
西羌
小弟之前不懂事，您別往心裡去。
輕一點，大哥，別打臉……

為什麼敵對勢力突然變得畢恭畢敬，這期間究竟發生了什麼事？

君王
這就不得不提到商朝的中興了，主要靠兩個關鍵君王。

第一個是商朝第十九世國君盤庚，他為了拯救落魄的商朝，排除萬難，動員所有人，把國都遷到了殷這個地方。

零食
公仔
盤庚
保證是最後一次搬家了，
我們以後再也不折騰！

盤庚定都在殷，他穩住局勢，休養生息，解決了動盪和內亂，給所有人打了一針強心劑。之後的兩百多年裡，商朝再也沒遷過都，殷都跟商朝的國運，從此緊緊連在一起。

殷商
所以我們也管商朝叫作殷商。

第二個人物則是盤庚的侄子武丁。眾所皆知，名字裡面能帶個「武」字的，一般戰鬥力都高得恐怖。

上一個帶「武」字的叫武湯，是
商朝的開國君王。

如果說，從前的商朝面對外敵，是唯唯諾諾，能避就避，那到了武丁這一任他貫徹的只有一個標準——硬碰硬，不服就打到你服。

武丁
一個拳頭解決不了的，就兩個。

商朝之所以能再次強大，除了武丁自己很賢明，還多虧了他的強力幫手。

一、做夢才找到的聖人

這件事有多玄呢？武丁做了一個很奇怪的夢，他跟大臣說：夢裡看見了一個聖人，名字叫作說，是老天派來幫助殷商的，一定要把他找過來。

> 武丁夜夢得聖人，名曰說。
>
> ——《史記》

這消息搞得大臣們都心癢癢的，都希望自己中大獎。

但朝廷上上下下找了一遍，卻沒一個人匹配到武丁說的條件。

> 以夢所見視群臣百吏，皆非也。
>
> ——《史記》

怎麼辦？
去外頭找幫手吧，畢竟俗
話說得好，高手在民間。

結果在一處叫作傅岩的地方，真讓他們找到了這個聖人，只是……這人是個做粗工的奴隸，跟聖人簡直八竿子打不著。

> 於是乃使百工營求之野，得說於傅險中。
>
> ——《史記》

儘管有點不太相信現實，但商朝人信夢，既然國君都夢見了，那就是一種冥冥的指引。

於是他們把說帶了回去。

後來，真的跟武丁夢的一樣，這個人很有聰明才智，幫武丁把天下管得井井有條。他也被賜姓傅，叫作傅說ㄩㄝˋ。

> 舉以為相，殷國大治。
>
> ——《史記》

這就是夢得聖人的傳說故事，乍一看確實挺神奇的，然而事實真的是這樣嗎？

武丁年少時還不是國君，就被老爸派到民間歷練，老爸讓他跟平民一起生活，一起工作，這樣才更能理解民間疾苦。

想瞭解社會，只在屋子裡待著可不行唷！
武丁父親

在這個過程中，武丁見識了很多民間疾苦，也認識了一些普通人，甚至是當苦役的奴隸。傅說，就是他年少時在民間認識的好朋友。

武丁知道傅說點子很多，當上國君以後就想讓他幫忙治理天下。

但問題是，傅說屬於當苦力的奴隸，地位卑賤，在當時階級等級相對森嚴的情況下，直接提拔一個奴隸來輔佐朝政，除了引起貴族的不滿，還相當於搧其他大臣的臉，罵他們是廢物。

為了不引起內部爭吵，武丁就用了夢見聖人這個辦法。事實證明，這一招的確管用，既維護了大臣們的顏面，也沒輕易引發君主跟貴族的對抗，還讓傅說成功上位，盡情地發揮才能。

> 傅說舉於版築之間。
>
> ——《孟子》

二、中國最早的女將軍婦好

明眼人都看得出來，武丁打仗很猛，是個狠人，不過，他老婆打仗比他還勇猛。

1. 老婆出外打江山

商朝有稱呼周邊的小型勢力為「方」的習慣，意思是方國，例如：土方、鬼方、巴方。據學者統計，武丁時期周圍大大小小的方國大概有上百個——

而其中二十多個方國被婦好蹂躪過。

婦好曾經率領一萬多人，打敗了經常來騷擾的西羌。

> 登婦好三千，登旅萬，呼伐羌。
>
> ——《庫方二氏所藏甲骨卜辭》

婦好身兼多職，兼任大祭司加王后加女將軍，自己還有一塊封地，武丁也非常在乎婦好。

占卜中
婦好去打仗，武丁會為她占卜，祝她順利，
婦好生病了，武丁也會為她占卜祈求平安。

2. 跟雅利安人過過招？

考古人員曾在婦好的墓裡，發現了白種人的骨骼，這就很讓人疑惑了，難道商朝人幾千年前就跟白種人打過架了？

有人認為，白色人種可能就是大名鼎鼎的雅利安人。

畢竟，恰好在我國的商朝時期，雅利安人入侵了南亞，征服了古印度的土著達羅毗ㄆㄧˊ荼人，推翻了古印度的本土哈拉帕文明，他們還建立了種姓制度，把原先的印度土著，歸到最低等的首陀羅。

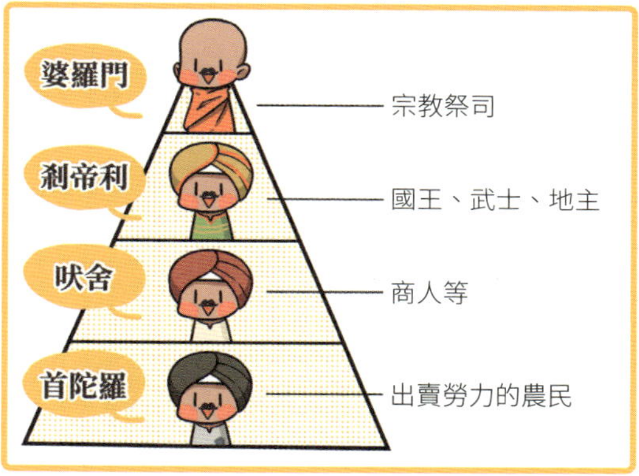
婆羅門
宗教祭司
剎帝利
國王、武士、地主
吠舍
商人等
首陀羅
出賣勞力的農民

而四大文明古國中，古印度、古巴比倫和古埃及的滅亡，都跟雅利安人或者其後代有關。可以說，雅利安人戰鬥力極強，是讓人聞風喪膽的存在。

雅利安人
一個能打的都沒有！

所以有人猜想，說不定婦好在打仗時，就曾經遇到過雅利安人，並且擊敗和俘虜了雅利安人，但是這個猜想的證據並不完善，沒能獲得歷史學界廣泛的認可。

但無論如何，有一點是真的，那就是婦好墓裡的白種人骨骼，屬於俘獲的戰利品，顯示出了古中國商朝強大的軍事實力。

三、商朝的巔峰是什麼樣子？

武丁所在的時期，被認為是商朝的巔峰期。

> 武丁修政行德，天下咸驩，殷道復興。
>
> ——《史記》

《殷商史》中提到，商朝的範圍大概是東起山東半島，西至陝西西部，南及江漢流域，北達河北北部。

而這僅是地理意義上的疆域範圍，如果要論文化上的影響則遠遠不止。

商朝的貿易和外交也極為活躍，出土的殷墟物品中，有可能產自雲南的錫和鉛，還有沿海的海貝——

甚至能看到來自新疆的和田玉料。

這一時期的青銅冶煉技術達到頂峰，藝術水準也極高，被稱為青銅時代的巔峰期。作為亞洲大地上最有分量的超級大國，商朝甚至在當時的世界歷史上，都能排得上名號。

> 莫敢不來享，莫敢不來王，曰商是常。
>
> ——《詩經》

大大小小的方國被商朝征服，像行星圍繞太陽一樣，聚集在商朝的周圍，這樣有一個好處——

有仗打，能讓小弟去當炮灰，敵人打過來了，能讓小弟先扛。就例如，西方一個叫周的勢力，就負責逢年過節進進貢，抵禦更西邊的羌人的入侵。

然而沒有人料到，這個小弟在未來的發展會如日中天，甚至威脅到商的地位……

8

被雷劈的男人，生前跟老天打了個賭

朕說歷史
商周篇

商朝人很信鬼神，什麼事都要占卜，上到行軍打仗，下到蛀牙感冒，絕不放棄任何能占卜的機會。

> 殷人尊神，率民以事神，先鬼而後禮。
>
> ——《禮記》

在很長的一段時間裡，他們占卜問的基本上都是，打仗是否順利？

> 今載王共五千征土方，受有佑？
>
> ——《甲骨文合集》

沒事卜一手，兄弟們
打起仗都安心多了。
商人

但是後來，他們卻好像突然陷入了一種困境，開始去卜算商朝其中一個小弟的發展，占卜這個小弟會不會有災禍降臨。

> 周方弗其有禍……周方亡禍。
>
> ——《甲骨文合集》

拜託拜託，希望周人出事！
商人

按道理來說，商朝這麼大的家底，附屬勢力又那麼多，不應該這麼忌憚自己的小弟，除非——

商朝在武丁時期，基本上就達到了國力的巔峰。這個時候，周只是一股被商朝征服的弱小勢力，是商朝連看都不會多看一眼的角色，那這就很讓人奇怪了。

一、周為什麼發展得這麼快？

我們經常能聽到「社稷」這個詞，它可以指國家、江山，而它同時也是土神和穀神的總稱，社稷的「稷」有穀神的意思。

> 稷，五穀之長，故立稷而祭也。
>
> ——《白虎通．社稷》

而周人的祖先叫作後稷，被他們尊為「稷神」。從字面上看，不難知道，周人的祖先在種田上是有重大貢獻的，換句話說，周人從一開始就很重視農業生產。

這就讓周人的生活比遊牧民族更加穩定，發展更快。

大概在商朝的武乙時期，周人逐漸嶄露頭角，一躍成為商朝一眾小弟裡比較有名的。他們這時期主要做的工作是幫忙抵禦外敵，防止西北方羌族的入侵。

那在西邊的周拚命種田，發展社會的時候，商朝在做什麼呢？

二、商朝發生了什麼變動？

算命
還是跟占卜有關。

商朝的占卜屬於比較神聖的環節，設專門的職位來負責，叫作「貞人」（也就是巫師），起初他們也就是幫商朝國君工作的人，沒有什麼問題。

但久而久之就有些不對勁了。

因為貞人靠所謂老天的指引得出占卜結果，經常能影響國君的決策，甚至他們還能夠一起去制止國君發布某些命令。

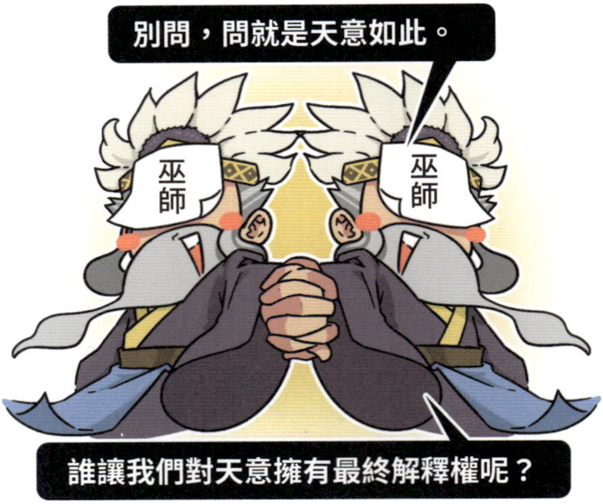
別問，問就是天意如此。
巫師
巫師
誰讓我們對天意擁有最終解釋權呢？

不管誰當國君，都會覺得這種事很討厭吧？

總的來說，國君還是想把話語權都控制在自己手中，不想凡事都得看貞人臉色。於是，武丁之後的幾個國君，嘗試了好幾種思路來削弱貞人的權力：

①商朝第二十四任國君祖甲，發明了周祭制度，從原來的貞人負責祭祀，改為商王親自負責。這樣一來，原來的巫師集團在祭祀這塊紛紛宣布失業。

別老天意天意了，老天和祖先我比你們都熟。
祖甲

這也極大激起了巫師集團的憤怒，如果前面的祖甲算小打小鬧，挫了巫師集團的銳氣，那第二十七任國君武乙的作法，稱得上是對巫師的致命打擊。

②巫師們說老天很厲害，所有人都得聽老天的，那要是國君比老天還厲害，底下的人不就都得聽國君的嗎？

於是，武乙想了個辦法，跟老天過過招，他讓旁人代表天神跟他打賭，結果天神輸了。

不僅如此，他還想了個辦法，命人製作一個皮袋，並在裡面裝滿血，然後掛在半空，對著皮袋射箭，名曰「射天」。

> (武乙)為偶人，謂之天神。與之博，令人為行。天神不勝，乃僇辱之。為革囊，盛血，卬而射之，命曰「射天」。
>
> ——《史記》

武乙的意思很明顯，他連天都敢射，那代表天意的貞人就不用說了。對巫師集團來說，這是徹徹底底的羞辱。

武乙這麼做，在一定程度上削弱了神權，增加了王權的話語權，但後果很嚴重，巫師集團跟國君的爭鬥，也就是神權和王權的競爭，更激烈了。

武乙的風評大大受損，死後被評價為——無道，頭殼有洞。

> 武乙無道，禍因射天。
>
> ——《史記》

而且，在歷史上，武乙的結局蠻慘的，據傳是被雷劈而死。

不過有學者認為，武乙的死法是巫師集團編出來的，目的是要造謠抹黑商朝國君的名聲，重新拿回話語權。

別的不說，光說這個時期的商朝，絕對是暗流湧動，各方面都不安分，像極了雲霄飛車開到最高點後，急速下降的樣子。

三、殷周關係的導火線

隨著周的實力越來越強，周部落的首領古公亶ㄉㄢˇ父，在商王武乙當殷商的老大時，請求搬到更西邊的岐ㄑㄧˊ發展。

武乙
古公亶父
大哥，你是懂我的，
住遠點打敵人方便。

而對於周的崛起，商朝這邊的意見很簡單，大概就是，只要他們出力去打西北方的羌人，保證商朝高枕無憂，他們愛怎麼發展就怎麼發展。

不過後人對周部落這次搬家
的用意有很多看法。

周人搬到岐有什麼目的呢？《詩經》裡說：「居岐之陽，實始翦商。」翦，齊也，有修剪整齊的意思，在古文裡也指把鳥的羽毛剪掉，而殷商的代表圖騰，就是鳥。

當然，《詩經》的說法不一定準確，不過至少有一點是可以確定的，那就是周人搬到岐，可以遠離商朝的監控，可以更加安心地發展國力。

商和周這兩條軌道，一開始只是平行的關係，並沒有碰撞和摩擦。

古公亶父的兒子季曆很有能力，但同時也是一個不好管的壞小子。可以說，商朝西北邊的安全就是靠他在守的，他知道自己功勞很大，能征善戰，有時候私下裡就自稱王。

但在當時，「王」這個字是商王的專屬稱呼，飯可以亂吃，字是不可以亂加的，不然就是大逆不道了。

這也太狂了吧？
還不止。

武乙的兒子文丁繼位後，對周部落非常忌憚，而季歷沒有收斂，還是跟原來一樣不斷發展，甚至在文丁的眼皮子底下大張旗鼓，加強基礎建設，擴大地盤，還把都城造得嚴嚴實實的。殷商和周部落檯面上是大哥和小弟，和和氣氣，但殷商其實是很忌憚周部落的。

他們這小弟當著當著，不會把我給咔擦了吧？
商朝

於是，文丁借用封賞的名號，要季曆到商朝國都接受賞賜，結果季曆一到那裡，就被甕中捉鼈軟禁起來，最後被文丁囚禁而死。

> 季曆困而死，因謂文丁殺。
>
> ——《竹書紀年》

文丁的行為並不光彩，周人對首領的死耿耿於懷，知道這是商朝故意打壓他們，所有人都憋了一股怨氣，在等一個宣洩的機會。

季曆死後，周部落沒有了領導者，周人只能讓他十幾歲的兒子繼位，聽到消息的文丁，可能已經在心裡竊笑了。

不過，他不知道，這個小孩名叫姬昌，未來還會有一個更響亮的稱號——周文王……

9

朕說歷史 商周篇

姬昌和姜子牙是怎樣成為好搭檔的？

老師在課堂上經常鼓勵我們，遇到暫時的失敗和不如意都不要氣餒，畢竟歷史上有很多大器晚成的例子。

最典型的例子就是姜子牙。

據傳姬昌，也就是後世的周文王，在出門打獵前算了一卦，占卜到會有大收穫，結果就遇見七老八十還一事無成的姜子牙，兩人一見如故，姬昌被他的才華所折服。

後來，姜子牙加入姬昌的陣營，盡情地發揮自己的才能，為推翻商朝出謀劃策。歷史上真的是這樣嗎？

一、姜子牙是什麼出身？

姜子牙，姜姓，呂氏，名尚，號飛熊。姜姓，意味著他應該出生於羌人部落。呂氏，代表他是羌人裡面的一個呂氏部族，如果混得好一點，可能是部族的小首領。

那時候羌人部落面對強大的商朝，一般都會做這麼幾件事：吃飯、睡覺、被俘。

商朝定期會舉行祭祀，而祭祀的貢品，往往就是侵犯過他們的羌人俘虜。

難道姜子牙也被俘虜過？
呼～呼～
有這個可能。

司馬遷在《史記》裡說，姜子牙出了很多對付殷商的軍事方針。

> 後世之言兵及周之陰權皆宗太公為本謀。
>
> ——《史記》

從這可以看出，姜子牙對商朝是瞭若指掌的。

雖然，我們不清楚姜子牙早年的經歷怎麼樣，但一個跟商朝有仇恨的偏遠部落的外族人，消息顯然沒辦法這麼靈通，而一些資料又提到，姜子牙在商朝國都工作過，但負責的職務都很低賤。

> 太公望年七十，屠牛朝歌，賣食盟津。
>
> ——《尉繚子・武議》

所以，比較可能的猜測是，姜子牙前半生曾經作為外族首領俘虜，被押送到了商朝總部，然後透過一些辦法死裡逃生，結果成為了商朝底層賤民——屠夫。

《翦商：殷周之變與華夏新生》中提到，商朝占卜師用的牛肩胛骨來自屠宰場，而呂尚剛好是屠夫，有接觸商朝占卜師的機會，他或許能從中瞭解一些宮廷祕聞，同時默默觀察殷商局勢，尋找滅商的機會。

二、周文王跟姜子牙是什麼關係？

商朝祭祀需要羌人俘虜，老大哥就給小弟下發任務，專案需求提上去了，西伯侯姬昌所屬的周人群體，就得負責搞定。

所以，他們的日常任務就是：吃飯、睡覺、抓羌人俘虜。

所以從背景來說，姬昌和姜子牙這兩人根本是世仇？？？
沒錯。

俗話說得好，敵人的敵人就是朋友，姜子牙和姬昌的合作，或許是兩個世仇部族的冰釋前嫌。一個想要解救和壯大自己的部族，一個想要推翻商朝。

意思就是只有我倒楣囉！
紂王

值得一提的是，他倆還有另一層關係——親家。姜子牙的女兒邑姜，是姬昌的兒子姬發的妻子。子女的婚事，可能也是促成他們結盟的原因之一。

三、算卦的《易經》，其實是日記？

在神話小說裡，姬昌的占卜技術很厲害，幫了他不少忙，而且他有一部傳世之作《易經》。這是一本家喻戶曉的占卜奇書，然而，近些年專家深入研究發現，它可能還是一本日記。

一九七〇、一九八〇年代，考古學家在陝西省岐山縣鳳雛村北側發掘出姬昌年輕時的居所。這是一個不算大的院子，值得注意的是，這院子居然還有地下室，放了大大小小一萬多片龜甲。據推測，姬昌就是在這裡開啟他的占卜練習生涯的。

眾所皆知，商朝人是非常喜歡占卜的，甚至還特地設置「貞人」這個職位來進行日常的占卜，而作為偏遠地區的方國，姬昌學習商王通神占卜的技術是大逆不道的作法。

相當於去挖別人的身家。

如果擺到檯面上研究，隨時會被人告發。再說了，商朝的象徵是玄鳥（一般認為是燕子），而《易經》裡有「飛鳥以凶」、「飛鳥遺之音」的卦辭。從別的角度來說，姬昌除了怕人舉報，還怕天上的鳥看見了會去跟商王報信。

這種隨時全家被抄掉的事情，
還是適合先從地下室起步。
草棍

周文王想透過以前的具體事例，總結出一些適合自己做事的規律，於是日積月累，就有了《易經》，而裡面的事例可以說相當實際。《易經》的小畜卦六四爻是：「有孚，血去惕出，無咎。」說的是抓到俘虜，幫他們止血的事情。大有卦六五爻是：「厥孚交如，威如。吉。」說的是抓到強壯的俘虜，讓他很開心。

由於周人在西邊實力強大，周圍的勢力都很害怕，一些勢力想抱大腿，提出跟周人聯姻，這在《易經》裡也提到：

> 匪寇，婚媾。
>
> ——《易經》

還以為是上門約單挑的，結果居然是談婚論嫁。
接住！

但一些勢力不這麼想，周人的鄰居是一個叫作「崇」的勢力，他們的首領崇侯虎很忌憚姬昌。於是，他向商朝新上任的君王帝辛——也就是我們常說的紂王打小報告，舉報姬昌背地裡搞小動作。

陰險～
不管是真是假，先抓來審問一頓再說。

> 帝紂乃囚西伯於羑里。
>
> ——《史記》

姬昌的老爸季曆被商朝君王囚禁過，最後沒能活下來，而姬昌的劇情跟他爸很像，也被抓了，他被囚禁在羑裡這個地方，這期間他沒少受罪，但也沒放棄「寫日記」。

《易經》的困卦初六爻是：「臀困於株木，入於幽谷，三歲不覿。」這被認為是記載姬昌受困時的事情。

屁股被打得好慘，已經被王關了三年了，好想家裡人，好難過。
嚶嚶嚶～
嚶嚶嚶～

噬嗑卦六三爻是：「吞噬臘肉，遇毒。小吝，無咎。」這可能是指，在牢裡食物中毒。

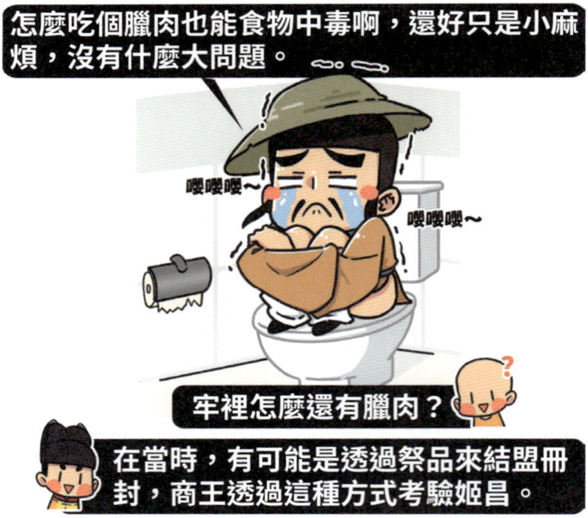
怎麼吃個臘肉也能食物中毒啊，還好只是小麻煩，沒有什麼大問題。
嚶嚶嚶～
嚶嚶嚶～
牢裡怎麼還有臘肉？
在當時，有可能是透過祭品來結盟冊封，商王透過這種方式考驗姬昌。

你以為的姬昌，神機妙算，胸有成竹。事實上的姬昌，怕被發現只能偷偷摸摸學占卜，在牢裡受盡煎熬，但為了學習，把各種經歷都記在練習冊裡。

在進貢了不知道多少寶物和美人，並付出了很大的代價後，周人想盡辦法把姬昌從牢裡救了回來，沒讓他跟自己的父親季曆一樣，在囚禁中死去。

商朝很強大，這仇我們得忍著，晚點再報。
一定會的！

回去以後，周文王更加低調了，他大力發展農業，提倡尊老愛幼，百姓的生活越來越幸福美好。

周人順勢而為，漸漸地，人心也越來越偏向周這邊，他們只剩下最後一個目標——推翻商朝。

完蛋，這衝著我來的!!

10

紂王真的很殘暴嗎？

朕說歷史
商周篇

在大多數人的印象裡，紂王，可以說是中國幾千年來最十惡不赦的暴君了，比他殘暴的沒他昏庸，比他昏庸的沒他殘暴，他不但弄了酒池肉林貪圖享樂，還發明酷刑，虐待百姓，最後把國家搞得烏煙瘴氣，導致商朝的滅亡。

一個人就把所有壞事都做盡了。

那事實真的是這樣嗎？紂王真的昏庸無道嗎？

1. 紂王是什麼意思？誰取的？

「紂」這個字在諡號裡，跟「桀」、「煬」一樣，屬於典型的惡諡。

> 殘義損善曰紂。
>
> ——《獨斷》

而紂王這個名字，是周朝給商朝的最後一任國君取的。

可是我本名叫帝辛啊。
商紂王
周武王
不重要，反正大家記住你的壞就好了。

按書裡的說法，帝辛不但智商高，思維敏捷，力氣還很大，能徒手跟猛獸搏鬥。

> 帝紂資辨捷疾，聞見甚敏，材力過人，手格猛獸。
>
> ——《史記》

不對呀，都成昏君了，
怎麼可能思維敏捷？
說來話長。

2. 為什麼帝辛的形象這麼差？

上一篇我們講到，周人的首領姬昌終其一生，也沒能完成推翻商朝的目標。姬昌死後，他的兒子姬發，也就是後世的周武王繼位，姬發靠岳父兼軍師的姜子牙，還有弟弟周公旦的支持，把自己的地盤經營得有聲有色。

他們看到時機成熟，立馬發動大軍討伐商朝，還寫了一篇《牧誓》——同殷王紂作戰時的誓辭，裡面列舉了帝辛的六條大罪，都是比較原始的罪狀。

> 今殷王紂維婦人言是用，自棄其先祖肆祀不答，昏棄其家國，遺其王父母弟不用，乃維四方之多罪逋逃。
>
> ——《史記》

這些罪狀有殺傷力，但不算大，就算帝辛是昏君，也屬於昏君裡比較普通的那一類，那帝辛為什麼就成了歷史上最特殊的、名聲最臭的昏君呢？這還得靠後代史官和學士的火上澆油。

同時代的人罵我也就算了，
怎麼後代也來罵一嘴？
助紂為虐

後代史官勸諫皇帝時，總得拿帝辛出來當反面例子黑一黑，但單憑姬發列的六條大罪，黑起來還不夠過癮，怎麼辦？

那我就自己加點料。
史官

在《紂惡七十事發生的次第》中指出，周朝時，帝辛的罪狀只有六條，戰國時莫名奇妙就增加了二十七條，西漢增加了二十三條，東晉又增加了十三條。

反正就是往我頭上扣帽子

帝辛直接就成了史書裡的過街老鼠，人人喊打，後世的言論讓他的形象一落千丈，慘不忍睹。

史官
作家
群眾
慘！

而且，這些罪狀越寫越離譜。

鹿台聲討群
史記
西漢司馬遷《史記》
紂王修建了鹿台！
新序
西漢劉向《新序》
鹿台高達一千尺！
帝王世紀
晉朝皇甫謐《帝王世紀》
鹿台高達一千尺！
一千丈是什麼概念呢？商朝一丈大概是 1.6 公尺，一千丈就是 1600 公尺，而目前世界最高的建築是阿聯酋的哈里發塔，高 828 公尺。

> 其大三里，其高千丈。
>
> ——《帝王世紀》

撇開一些瞎造謠硬黑人的史料，對於帝辛是否真的昏庸無道，導致商朝的滅亡，歷史上有很多不同的觀點。

《論語》說，帝辛的昏庸並沒有傳說中的那麼嚴重，只是君子憎恨處在下流的人，所以要把天下的壞事都歸到他頭上。

> 紂之不善，不如是之甚也。是以君子惡居下流，天下之惡皆歸焉。
>
> ——《論語》

明代學者顧炎武說：「前人多言殷亡於紂之不仁，吾殊謂不然。」

商朝的滅亡，跟紂王沒太大關係，
而是跟它的制度有關。
顧炎武

後期的殷商王朝，因為神權和王權的矛盾，內部本來就挺亂的，加上殷商的貴族階級也在搞事，局面就更加一發不可收拾。這些制度的問題，是商朝滅亡的暗線。

跟誰當國君的關係不是很大。

另外，帝辛在位期間還是實施了一些國政，他先是再一次打壓神權，嚴格推行周祭制度，固定和縮小致祭神靈的範圍，但這也引發了舊貴族的不滿。

然後是出發打東夷，先後打了兩次，用了好幾年，把老祖宗打了多少年都沒打下來的東夷給順利征服了。

現代歷史學者曾指出：「中華民族之能向南發展，是紂王的功勞。他對東南的經營，使以後中原文化逐漸發展到了東南。」

所以我們應該怎樣去評判他？

一個人有好有壞，但被歷朝歷代宣傳之後，他的好就消失不見，他的壞就被無限放大，那這種評判絕對不能說是客觀的。

壞的地方要批評，好的地方也要說，這才能公正地去評判。

商朝是怎麼滅亡的？這還得講到帝辛打東夷的事情，帝辛透過戰爭平定了東南方的叛亂，讓中原的勢力影響範圍更廣了。

但這種勝利是有代價的。

連年的征伐，加重了老百姓的負擔，當時他帶兵出征的行程在千里以上，規模很大，對商王朝的國力是很大的損耗，但帝辛依舊自信地執行著自己的計畫，完全沒顧慮到老百姓的苦，而趁著帝辛兵力分散，基地人少，周人看到了機會。

沒錯，打他個措手不及！
我們偷襲他老家！
偷偷~
摸摸~
姬發
姜子牙

於是姬發帶領大軍快速行進，來到牧野這個地方。

> 武王乃朝步自周，於征伐紂。
>
> ——《尚書》

他開了一個誓師大會，進行戰前宣誓。

周人軍隊行軍迅速，商朝的主力部隊沒辦法及時趕回，帝辛手頭上的兵不多，只能從平民或者奴隸裡強制徵兵。

百姓組成的菜鳥新兵沒有經驗，被周人軍隊打得連連敗退，而一些奴隸甚至直接窩裡反，幫助周人攻打商朝，結果商朝被裡外狂毆。

這場曠世大戰究竟有多誇張呢？古籍裡用「血流漂杵」這個成語來形容，意思是打仗打得血流成河，連地上的兵器都漂了起來。

> 罔有敵於我師，前徒倒戈，攻於後以北，血流漂杵。
>
> ——《尚書》

這一戰周人取得了驚人的勝利，僅僅用了半天，就扳倒了強大的商朝。

牧野之戰失敗後，商朝褪下曾經神祕而強大的印記，宣布落幕，而周人從殷商王朝西邊的小部落，經過古公亶父到姬發四代人的不懈努力，終於翻身當主人。

商朝對中華文明有什麼貢獻？商朝雖然滅亡了，但它是中國歷史上一個輝煌的朝代，作為一個強大的奴隸制國家，它的勢力影響範圍，大大超越了夏朝。

商朝還有比較完善的官僚制度和中央集權制度，對中國古代政治制度的形成產生了深遠的影響。

在文字體系方面，商朝創造了甲骨文，對漢字的形成和演變有重要的影響。

在製造方面，商朝的冶煉技術十分發達，青銅器文化發展到較高的水準，代表了中國青銅時代的巔峰。

在貿易交流方面，商朝發展了水路交通和商業貿易，貿易活動頻繁，加強了各個地方之間的交流。

在數學方面，商朝不僅掌握了幾何和算術知識，還發展出了全世界最早的十進位計數法，它是人類數學史上的偉大發明，並且一直沿用到今天。

不僅如此，商朝在天文曆法、音樂、紡織等領域，同樣取得了輝煌的成就。

商朝滅亡以後，中國進入無神期。在上古很長的一段時間裡，人們依靠神話傳說來敘事，這個階段的歷史並不真實，因為人們會透過神化和誇張化的方式，來表現某一段歷史事件。

例如，黃帝和蚩尤的大戰，傳說中他們打得天昏地暗，用了各式各樣的神通。又例如，共工和顓頊打架，共工一撞山，把天都能撞傾斜了。

（共工）怒而觸不周之山，天柱折，地維絕。天傾西北，故日月星辰移焉。

——《淮南子》

這是文明在有完整和真實的歷史記事前，會經歷的神話階段。這個階段的歷史主要以神話傳說的方式口口相傳。
人們對世界還很陌生，認為是有神靈在支配自然的力量，人也可以獲得這股力量。

所以，人崇拜神靈，也會用動物當圖騰，祈求得到自然的力量，而自從商朝滅亡之後，一方面商朝的神靈信仰宣布滅亡；另一方面中國整體跨入了「信史」（有可信的史書或記載）階段，不用再依靠神話傳說來記錄歷史。

於是，中華文明進入無神期，中華大地也迎來了新篇章，即將走進時代視野的，是一個新興而充滿潛力的王朝——周朝。

11

朕說歷史
商周篇

兄弟打架，他卻當了冤大頭

眾所皆知，西周是中國繼商朝之後，一個龐大的奴隸制王朝。但王朝在一開始，並不是一帆風順，而是顯得十分飄搖不定，遇上了好幾個難題。

先是建立不到兩年，開國之主周武王姬發就死了，整個王朝瞬間猶如一盤散沙。

怎麼那麼突然啊？
呼～呼～
過度操勞，也可以說是愁的。

周武王有個特點，一愁起來就失眠，整天完全睡不著覺，甚至經常做惡夢。

> 武王至於周，自夜不寐。
>
> ——《史記》

他的弟弟，也就是後世《周公解夢》裡所指的周公姬旦，經常去開導他，傾聽他的煩惱，有點用，但是不多。

姬發連周朝都建立了，到底在愁什麼呢？

殷商的國君帝辛（紂王）雖說死了，但殷商的貴族還在，勢力挺大，是個燙手山芋。姬發面前有兩個選擇，一個是一不做二不休，把殷商的剩餘勢力全部清光。但很顯然，得打一仗。

戰爭意味著傷亡，也意味著社會的動盪和不穩定。

如何在保證社會相對和平發展的情況下，去除潛在的威脅呢？第二個辦法就是「安撫」：賜點領土讓這些剩餘勢力臣服。

能相對和平地過渡。

姬發做了兩手準備，他賜了紂王的兒子武庚一些封地。然後把商朝的勢力範圍分為三個地區，分別由自己的弟弟管叔、蔡叔和霍叔接管，趁機讓這三人監視武庚，以防他弄出什麼亂子，史稱「三監」。

殷商的事情雖說暫時告一段落，但姬發的病一點沒減輕，身體越來越差，覺倒是能睡得著了。只是……

> 既克商二年，王有疾，弗豫。
>
> ——《尚書》

姬發去世後，按道理來說，應該讓姬發的兒子姬誦繼位，但第二個問題隨之而來。商族人的勢力依然很強大，他們只服從成年且有能力的王，十來歲的姬誦並不滿足這個條件——姬誦根本鎮不住場子。

怎麼辦呢？武王姬發在世的時候，他的弟弟姬旦經常輔佐他，姬旦在處理政務方面很有經驗。於是，姬旦作為姬誦的叔叔暫時接管了西周的朝政。

三監之亂

這本來是一個兩全其美的法子，先讓姬發的兄弟姬旦幫忙處理朝政，等姬誦成年了，就把位子讓回去，然而第三個問題出現了。

管叔姬鮮是武王姬發的弟弟，周公姬旦的哥哥，就算侄子還小，兄弟想要幫忙輔佐朝政，那也應該排著來。

按照兄終弟及的說法，管叔排行在前面，怎麼也輪不到姬旦這個弟弟，在外頭的幾個兄弟越想越覺得彆扭。

不服氣就鬧吧，他們希望鬧得越亂越好。在管叔的帶頭謀劃

下，一場針對西周的叛亂就此展開，他們到處傳揚姬旦沒安好心，眼饞侄子的王位，就想自己當王。

> 武王既喪，管叔及其群弟乃流言於國曰，公將不利於孺子。
>
> ——《尚書》

姬旦眼饞王位想自己當王？

不得不說，姬旦的確是有稱王的行為，《尚書》裡姬旦就用過「王」的身分來發布命令，但說他搶王位就不見得。

> 王若曰：孟侯，朕其弟……乃寡兄勖，肆女（汝）小子封在茲東土。
>
> ——《尚書》

學者楊寬在《西周史》中指出：「周公的攝政，確是周朝的緊急措施……周公出來攝政，而且稱王，是十分必要的。不稱王，不足以號令諸侯以及周的所有貴族。」

他需要有這個身分，才喊得動人。

但管叔可不管那麼多，反正從他的角度看，就是自己的弟弟上了位。於是，這場兄弟間的不滿和內訌即將爆發……

管叔
不然，我們一起？
霍叔
蔡叔
武庚
啊？這也行？

> 三監及淮夷叛。
>
> ——《大誥》

管叔勾結殷商的勢力和更東邊的東夷，準備來波大的騷亂。對於管叔攤牌正面挑釁，姬旦這邊有兩種意見，一種是忍讓妥協，另一種意見就是正面對決。

姬旦選擇直面這場內亂，親自結束這場爭鬥。

周公東征

管叔以為武王去世後，論輩分自己已經是西周名副其實的一哥。結果，姬旦用實力告訴他，要是沒有血脈關係，他頂多就是西周一哥。姬旦的軍隊一到，管叔幾招都接不住，全面潰敗。

而被三監拉下水跟著反叛的武庚，可能到死都想不通，自己為什麼莫名其妙跟冤大頭一樣，信了管叔的話，蹚了這身渾水。

除此之外，參與了這次叛亂的其他勢力，也被姬旦整治了一番，姬旦先後用了三年時間平定叛亂，把東邊夷族不安分的勢力也統統清光，史稱「周公東征」。

> 周公攝政，一年救亂，二年克殷，三年踐奄。
>
> ——《尚書》

分封制的誕生

三監之亂讓周公意識到，需要給大家一個合理的利益分配，要設置一個穩固的制度，周朝才能安全穩妥地存活下去，於是分封制就此形成。

> 昔周公弔二叔之不咸，故封建親戚，以蕃屏周。
>
> ——《左傳》

分封制的對象一般是三種人：王族、功臣、古代帝王的後代。天子先分封這些人去各個地方做諸侯，諸侯在自己的領土內是最大的，可以為所欲為，但同時也需要盡一些義務。

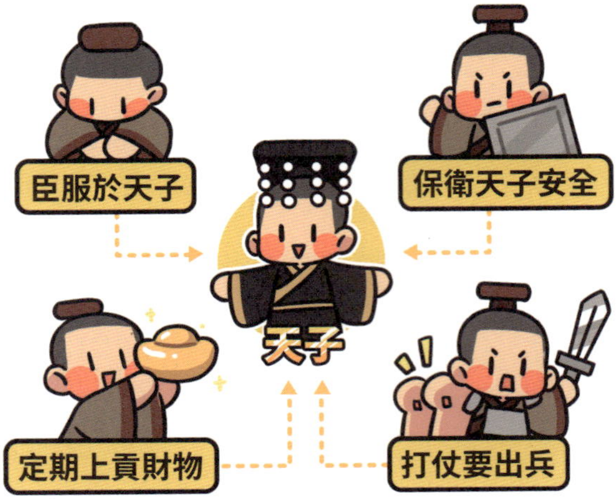
臣服於天子
保衛天子安全
天子
定期上貢財物
打仗要出兵

同樣地，諸侯也透過分封制，分封卿大夫，一級一級分封下去，卿大夫對諸侯負責，諸侯對天子負責。

就像大組長、小組長、組員的關係，每個職位都有他的福利和需要履行的義務。

做完了這些還不夠，還需要設置一種儀式，來讓這種制度深入人心，人人都遵守這種制度。

那該怎麼辦？能不能透過規定行為方式，來呈現不同的等級，並讓大家在一種和諧有序的制度裡發展呢？

姬旦絞盡腦汁，終於想到一個辦法，他即將建立一種直到現在都影響深刻的儀式，叫作「禮」

> 制禮作樂，頒度量，而天下大服。
>
> ——《禮記》

說真的，這個「禮」真有那麼神奇嗎？
下篇見。

12

周朝：做事先講「禮」

朕說歷史
商周篇

中華民族自古就被譽為「禮儀之邦」，而要說為這個稱號貢獻最大的朝代——

西周有一套完整的禮樂制度，「周禮」用來維護社會秩序和道德規範，獲得了後代很多人的認可。幾百年後，春秋末期有一個小夥子就特別嚮往西周，他說——

周禮借鑑了夏、商的禮制，多麼豐富多彩啊！我遵從周禮。
孔子

子曰：「周監於二代，郁郁乎文哉！吾從周。」

——《論語》

孔子感慨他所在的那個時代已經禮崩樂壞了，於是提出要以禮治國。

三年之喪，期已久矣。君子三年不為禮，禮必壞；三年不為樂，樂必崩。

——《論語》

孔子很佩服周公姬旦這個開創者，到老了還是周公的小迷弟。

我老得很厲害，好久沒有夢到周公了……
嚶嚶嚶～
嚶嚶嚶～

> 甚矣吾衰也！久矣吾不復夢見周公。
>
> ——《論語》

西周的「禮」究竟有多大的魅力，連孔子都這麼推崇呢？

周禮是什麼？它是一種制度，可以適用於各個階級的制度。它規定了社會生活的各個方面，包括飲食、起居、祭祀、喪葬，等等，讓周人有一套自己的行為準則和儀式。

舉個例子，古代的生活條件不像現在這麼好，那時的小孩存活率不高。所以，為了慶賀孩子順利長大成人，家裡會舉行象徵成年的儀式，叫作「冠禮」，冠禮後長輩會給孩子取「字」，名是孩子幼年用的，字是成人時長輩給取的，成人後一般不喊某人的名，而喊他的字。

周朝成年男子冠禮時要加冠三次
1 緇布冠
代表有管理人的權力
2 皮弁
代表從此要服兵役
3 爵弁
代表有權參加祭禮

（緇布冠是用黑麻布做的冠；皮弁是用白鹿皮做的；爵弁是赤黑色的平頂帽子。）

> 公玄端与，皮弁皆韠，朝服素韠。
>
> ——《大戴禮記》

除了冠禮，還有婚禮、喪禮、祭禮等，它們都有一套流程規範，每一種禮都會配上樂曲，由樂隊伴奏。

所以，周人的貴族文化又被稱為「禮樂文明」。

許倬雲在《西周史》中指出：「周人的生活儀禮，具有強烈的社會功能，群體性遠超過個人的情感。」對於當時發展相對落後的社會來說，禮樂制度能讓群體關係變得穩定，周禮加強了宗族之間的聯繫，相當於鞏固了宗法制。

什麼是宗法制？

簡單來說，宗法制就是由血緣關係來分配權力，一般是嫡長子分到最多。例如，天子的嫡長子能繼承王位，成為下一任天子，而其他的兄弟會被封為諸侯，比天子小一級。

周禮讓宗法制變得穩固，而宗法制又會影響分封制的分配，可以說環環相扣，相輔相成。

一、講禮的盛世

周公姬旦輔佐成王期間，可以說把能做的事都做完了，路都給侄子鋪好了。輔佐完周成王姬誦之後，姬旦並沒有像別人說的那樣圖謀不軌，覬覦周朝的王位，而是爽快退位。

擔子就交在你手裡了，要用心喔。
姬誦
姬旦

接下來的兩任國君也沒讓人失望，周成王和周康王在位期間，大力推行以禮治國，努力發展農業，崇尚道德教育，天下和平安寧，老百姓也遵紀守法。據說四十多年沒有動用過刑罰，史稱「成康之治」。

> 成康之際，天下安寧，刑措四十餘年不用。
>
> ——《史記》

它是中國史上記載最早的太平盛世唷！

這個時期，周朝國內社會穩定，國力達到了強盛狀態，內部名聲好，外頭名氣大，隨便一跺腳，敵人都怕得打起寒顫。人人都知道這個時期的周朝十分輝煌，都想出生在這個時代。不過，舒適的日子總是過得很快。

二、南征的意外

周康王死後，他兒子周昭王繼位了，正好南方的諸侯國不安分，虎方、楚蠻、楊越等地區發生叛亂，跟周朝爭奪銅礦等資源。

周昭王可是決心要繼承老祖宗輝煌的男人，哪裡受過這種氣？他一怒之下親自帶著軍隊，一路火花帶閃電，對叛亂勢力發起打擊，過程很順利，不但擊退了敵人，還往南擴張了疆土。

不講禮，非得讓哥出手。

周昭王一共南征了三次，軍隊按計劃平定了叛亂，但結局卻讓人措手不及。據說，軍隊最後在返回途中，很不幸地遭遇了異常天氣，橋樑坍塌，死傷慘重，而周昭王自己也被淹死了。

> 還反涉漢，梁敗，王及蔡公抎於漢中。
>
> ——《呂氏春秋》
>
> 昭王南巡狩不返，卒於江上。
>
> ——《史記》

這麼突然的嗎？
別說你了，周朝家裡也非常意外。

> 昭王末年，夜清，五色光貫紫微，其王南巡不返。
>
> ——《竹書紀年》

盼星星盼月亮也沒盼回來國君，周昭王的長子在一臉懵懂的狀態下，接過國家重擔，成為新一任國君，他就是後代的周穆王。

三、周朝的衰落

周朝前期的國君都比較賢明，但到了中期，就變得問題頻發。有的國君想開疆拓土，再創祖輩輝煌，卻沒有顧慮到大規模的動兵，會破壞了老百姓的安寧生活；而有的國君生性懦弱，不但管不好內政，還對付不了外敵。

> 懿王之時，王室遂衰，詩人作刺。
>
> ——《史記》
>
> 懿王徙於犬丘。
>
> ——《世本》

分封制的缺點也慢慢顯現出來，最為明顯的現象就是，經過這麼多年的分封，外頭出來了一大堆諸侯，天子為了維持自己的顏面，又得硬著頭皮繼續分封，把都城附近的土地都陸續分出去。這就導致周朝天子能直接支配的土地越來越少。

老闆，快收手吧！外頭全都是諸侯！
不行，扶我起來，我還能封。
大臣
周王

到了周厲王時期，更是慘不忍睹。對外，他架打得很凶，卻沒什麼戰略，屢戰屢敗；對內，他推行「專利」政策，將山林湖泊改由自己直接控制，不讓老百姓進行砍樵、漁獵等營生，引得老百姓不滿。

周厲王生活奢侈，成事不足。關鍵還不讓別人說，他專門發布了命令，規定誰議論就要把誰抓起來判刑。

> 使監謗者，以告則殺之。其謗鮮矣，諸侯不朝。
>
> ——《史記》

但群眾的眼睛是雪亮的，百姓的言論怎麼會被這種手段輕易控制呢？

越不讓我們說，
我們就越要反抗!!
老百姓
老百姓

於是百姓大規模暴動，周厲王被迫逃命。俗話說得好：「國不可一日無君。」周王跑了，但生活還得繼續啊！這該如何是好？人們就想了一個法子，讓朝廷裡有威望的兩個大臣——周定公和召穆公，一起暫代國君來處理國事，這個事件叫作「共和行政」（也叫「周召共和」）。

> 召公、周公二相行政，號曰「共和」。
>
> ——《史記》

還有另外一種說法是，諸侯裡一個名號為共伯和的人出來代行職務，所以叫作「共和」。

「共和行政」是中國歷史上很重要的一件事，《史記》就是從這件事發生的那一年，也就是從西元前八四一年開始紀年的。

在古代至近現代，「共和元年」被史學家認為是中國有了確切紀年的開始。

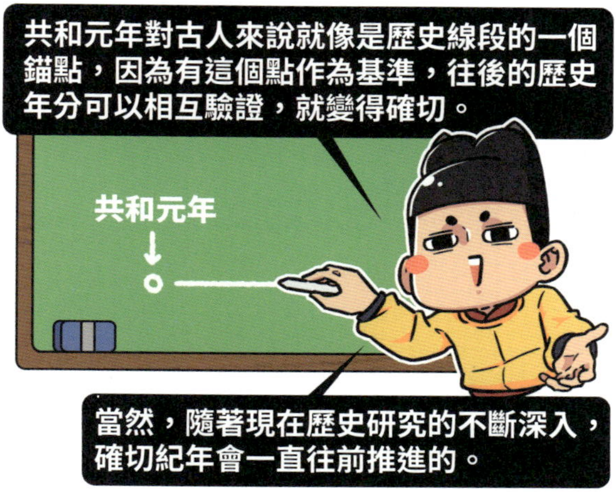
共和元年對古人來說就像是歷史線段的一個錨點，因為有這個點作為基準，往後的歷史年分可以相互驗證，就變得確切。
共和元年
當然，隨著現在歷史研究的不斷深入，確切紀年會一直往前推進的。

雖然「共和行政」的出現讓周朝在風雨飄搖裡重新維持了一定的秩序，但在地理上卻被各方勢力虎視眈眈，內政又搞得一團糟的困境來說，這僅僅是杯水車薪。

一些嚴重的問題從周朝的制度裡滋生，又回饋到它的社會運行裡面去。那麼，是誰給了西周最後一記滅亡的鐵拳呢？

我們下次再見。

13

烽火戲諸侯是真的嗎？

朕說歷史
商周篇

狼來了的故事相信大家都很熟。中國也有一個相似的故事，最後還導致了一個王朝的滅亡，那就是——

故事講的是，在西周末期，最後一任國君周幽王，納了個妃叫褒姒，她十分高冷，從來沒見她笑過，周幽王為了討她歡心，把自己愁壞了。一個叫虢石父的奸臣，出了個餿主意。

於是周幽王叫人點起烽火，代表遭遇敵襲，以此來傳喚各路諸侯。這通操作向褒姒表達了一個意思：「你看，為了讓你開心，諸侯都得被我牽出來遛遛。」

> 幽王為烽燧大鼓，有寇至則舉烽火。諸侯悉至，至而無寇，褒姒乃大笑。
>
> ——《史記》

結果，褒姒是笑了，但諸侯不理了，傻傻地跑過來，沒有功勞不說，莫名其妙還被戲弄了一頓，周幽王在他們心裡的形象一落千丈，成了沒有信譽的主子。

等到真的有敵人來襲時，周幽王急忙再次點烽火求援，這回諸侯一個個在家躺著都不出來幫忙。於是周幽王死於戲多，西周宣布滅亡。

> 為數舉烽火。其後不信，諸侯益亦不至。
>
> ——《史記》

這個故事最早出自《史記》。

雖然司馬遷寫得有模有樣，但有心的人發現，這個故事聽上去也太抽象了。國君、諸侯包括妃子，難道從上到下就沒一個「正常人」？

一、烽火戲諸侯是真的嗎？

首先，這個故事最重要的因素是什麼？兩個字：烽火。

比《史記》成書要早的《呂氏春秋》裡，倒是沒有出現像烽火這種明顯與時代不合的邏輯漏洞。周幽王究竟用什麼方式戲弄諸侯？——「打鼓戲諸侯」？

> 戎寇當至，幽王擊鼓，諸侯之兵皆至，褒姒大悅而笑，喜之。
>
> ——《呂氏春秋》

這說法符合時代特色。但問題又來了，眾所皆知，聲音的傳播距離是有限的，傳播得越遠，衰減得也越厲害，住得遠一點的諸侯，就算周幽王叫人把鼓敲爛了——

都不太能聽到。

其次，故事裡諸侯的問題也很大，不同諸侯有不同的封地，跟周幽王的距離也不一樣。

你以為的諸侯出兵：
圓上任意一點到圓心的距離相等
諸侯
諸侯
諸侯
諸侯

實際上的諸侯出兵：

天南地北緊趕慢趕

如果烽火戲諸侯行得通，那到了諸侯聚集這步，最有可能的情況是，幾天來一撥，隔幾天又來一撥，不會所有人聚集在一起，而是陸陸續續地來。問了沒什麼事，再陸陸續續地走，住得遠的，要趕過來的時間也長。

假設各路諸侯都來，時間拉得很長的。如果每來一次，褒姒都得笑一下，那她也別再叫什麼高冷美人了，改叫微笑大使好了。

褒姒
拜託別來了，蘋果肌都笑僵了。

著名歷史學家錢穆先生在《國史大綱》中指出：「此委巷小人之談。諸侯兵不能見烽同至，至而聞無寇，亦必休兵信宿而去，此有何可笑？舉烽傳警，乃漢人備匈奴事耳。史公對此番事變，不甚了了也。」

所以，烽火戲諸侯的故事，徹徹底底就是假的。

說吧，你為什麼編這種玩意出來？

二、西周是怎麼滅亡的？

二〇一二年，中國清華大學整理了一批戰國竹簡，名為《清華大學藏戰國竹簡》，裡面記載的東西非常多，其中恰好就有對周幽王的記載，而且記得很樸實無華。

> 周幽王取妻於西申，生平王，王或（又）取褒人之女，是褒姒，生伯盤。褒姒嬖於王，王與伯盤逐平王，平王走西申。
>
> ——《清華大學藏戰國竹簡》

讓朕替愛卿們整理一下這魔幻的劇情。

周幽王有一后一妃，申后和褒姒，按名分來說，申后是先來的，她的兒子姬宜臼也先出生，屬於嫡長子。從周朝的繼承制來看，將來周朝的王位，百分百是姬宜臼的。

但是，由於周幽王特別寵愛褒姒，也可能是跟申后鬧了什麼不愉快，於是就立了褒姒的兒子伯盤為太子，把大兒子宜臼趕走了。

到手的鴨子飛了，誰吞得下這口氣呢？別說姬宜臼不甘心了，申后也不甘心，她娘家人更不甘心。

宜臼就逃到了他外公的地盤申國，周幽王一瞧不對勁，這小子以後肯定要反，現在等於埋了個定時炸彈，於是主動發兵討伐申國。

沒曾想申國叫了幫手，聯合西戎一起，把周幽王和他兒子伯盤給處死了，西周宣布滅亡。

> 幽王起師，回（圍）平王於西申，申人弗畀，曾人乃降西戎，以攻幽王，幽王及伯盤乃滅，周乃亡。
>
> ——《清華大學藏戰國竹簡》

所以，西周滅亡其實是自家人打自家人？
不能這麼說，周幽王的兩個兒子背後其實都有各自的勢力背景，有不同諸侯撐腰。

雖然檯面上，西周是從周幽王這代宣布滅亡的，但是還有一些深層次的原因。

西周屬於典型的外重內輕式的國家，分封制的存在，讓早些年的諸侯成為守護周朝的屏障。但到了後期，外頭的諸侯掌握了大部分的權力和土地。周朝王室的話語權被一步步削弱。

最後諸侯坐大，天子靠邊站，是必然的結果。

當時，西周的後面幾任國君治理無方，導致國家在百姓中的威望大大降低，而且西周末期也不太走運，遇上了連年的旱災，饑荒嚴重，老百姓苦不堪言，過著顛沛流離的生活。

> 厲、幽之時天旱地坼。
>
> ——《隨巢子》

在多方因素的影響下，西周走向了滅亡。

三、西周的歷史貢獻

1. 教育方面

西周的教育很規範，已經有了學校，有最早的小學和大學，貴族子弟需要在不同的年齡段接受不同的教育。

> 及太子少長 …… 則入於小學。小者，所學之宮也……束髮而就大學，學大藝焉，履大節焉。
>
> ——《大戴禮記》

我們的大學跟現代不太一樣，
學的是禮、樂和武藝等。
西周人

2. 制度方面

西周開創了井田制、宗法制、分封制、禮樂制，這些制度相輔相成，對後世產生了深遠影響，例如，宗法制，就是依靠血緣關係建立聯結，以此來管理族群。

封建社會的許多宗族就一直
在沿用這種宗法制結構。

3. 藝術方面

由於禮樂制度的影響，西周時期在音樂領域有很大的成就，開設音樂教育機構「大司樂」。西周對樂器的認識也十分先進，開創了「八音分類法」，這是中國最早的科學樂器分類法。

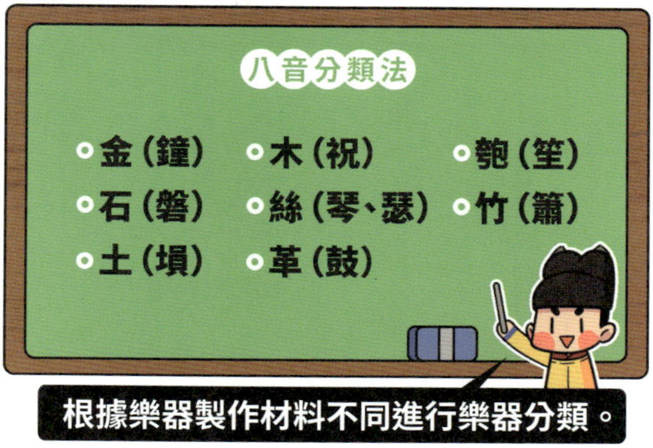
八音分類法
金（鐘）
木（柷）
匏（笙）
石（磬）
絲（琴、瑟）
竹（簫）
土（塤）
革（鼓）
根據樂器製作材料不同進行樂器分類。

西周是中國奴隸社會的鼎盛時期，無論是軍事、農業生產、制度，都比商朝的發展要更進一步。

西周滅亡之後，原來被趕出家門的嫡長子宜臼，被諸侯擁立為王，史稱周平王。

王的寶座
老子終於回來了!!
周平王

他把都城遷到了洛邑（今河南洛陽），史稱東周。但與此同時，分封制的弊病，也完全暴露出來。

諸侯的勢力越來越大，厲害的諸侯自己開始稱王，周朝王室逐漸被架空，除了一個天子的名頭之外，沒有太多能夠跟諸侯抗衡的力量，漸漸成了傀儡。

西周結束了，周朝王室以為建立了東周，底蘊還在。但沒想到，歷史的主旋律基本與他家無關，諸侯爭霸才是接下來的壓軸戲。東周這個時期，還有另一種叫法——春秋戰國。

14

朕說歷史
商周篇

三星堆是外星文明嗎？

一九二九年，一個農民偶然發現了一堆玉石器，由此，人們發現了一個新的文明。

大眼、神樹、太陽、太陽鳥……因為三星堆遺址上的文物，造型奇特，透露出超前的想像力，一些人甚至認為它是外星人創造的。

三星堆得名於「三星村」，這個地方有三個稍稍隆起的小土堆，實際上這些小土堆是城牆的遺址。

讓我們現在就走近那個神奇的文明——三星堆古蜀王國。

神奇的古蜀國

古蜀國所在的時期，大約是中原商朝，它位於四川盆地上，雖然這裡封閉，但高山鎖住了水氣。所以，相比中原的乾冷，這裡氣候暖和濕潤，再加上馬牧河、鴨子河的灌溉，這裡就是種田抓魚愛好者的天堂。

中國人擁有強大的種田天賦，古蜀國人也不例外，他們學會了種植粟、黍、稻等農作物。他們最愛種植水稻。

古蜀作為中國古代絲綢的起源地之一，三星堆的祭祀坑中也出土了絲綢。

*「蜀」字甲骨文，像一條大眼睛的蠶

而在群山和河流的哺育下，古蜀國形成一個既封閉又開放的神權王國，他們對青銅的用法，也區別於中原文明的王權王國。

遇到大事，我們要請示一下王的看法。
古人
中原文明
遇到大事，我們要請示一下神的看法。
古蜀國人
古蜀文明

中原地勢較為平坦，交通便利，黃河等河流在保證充足水資源供應外，還沖刷出肥沃的耕地，看著就是一塊肥肉。因此，中原人多用青銅製造武器保護自己。

在和平年代，中原諸國也透過聯姻等方式交流，總體而言，他們會更加關注物質跟現實，青銅也被製成鼎、罍、尊、𣪘、簋等器物。

我們這裡到處是山脈大河，還有各種奇怪的動植物，大自然那麼神奇，是神仙的手藝吧……
也就說，三星堆中的古蜀國人，更多的是把青銅運用在祭祀上。

這些文物真的不是來自當代嗎？

那麼，三星堆究竟有什麼神奇的文物呢？

青銅太陽輪

形似汽車方向盤，
有一種說法是因為
太陽崇拜。

青銅雞

青銅雞胸前有火紋，
可能寓意「呼喚日出，
帶給人間光明」。

青銅龜背網格形器

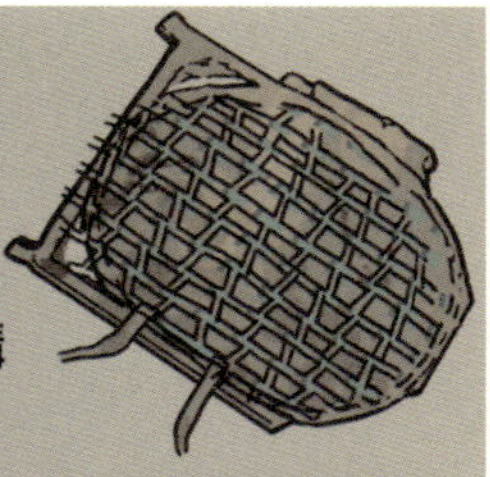

形似「烤肉架」，青銅器的主體架構運用了焊接工藝。

框架內是一個玉器，還有黃金跟絲綢的殘留物，推測是用來占卜的。《竹書紀年》中有類似該器物的記載：「甲似龜，背廣九尺，其圖以白玉為檢，赤玉為押，泥以黃金，約以青繩」。

古蜀人崇拜大眼，可能是因為他們想洞察更廣闊的天地，通天窺神。所以三星堆出土的青銅面具造型也十分時尚。

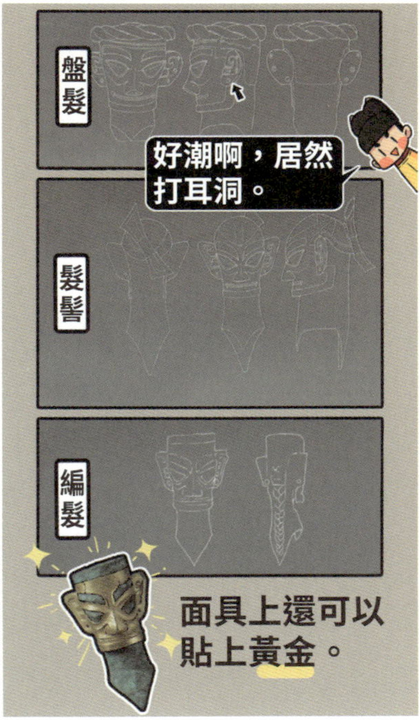
盤髮
好潮啊，居然打耳洞。
髮髻
編髮
面具上還可以貼上黃金。

而這些面具並不是古蜀國人的獨創，實際上，這些面具跟其他文化（例如：夏朝二里頭文化、商朝殷墟文化、龍山文化等）的器物造型有類似的地方——

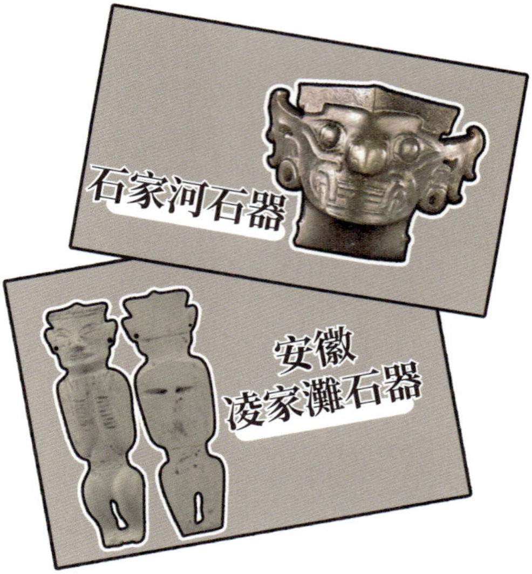
石家河石器
安徽
凌家灘石器

只不過其他文化用玉器和青銅器來象徵身分，而古蜀國人用它來祭祀。其中，祭祀用的面具標配是這樣的——

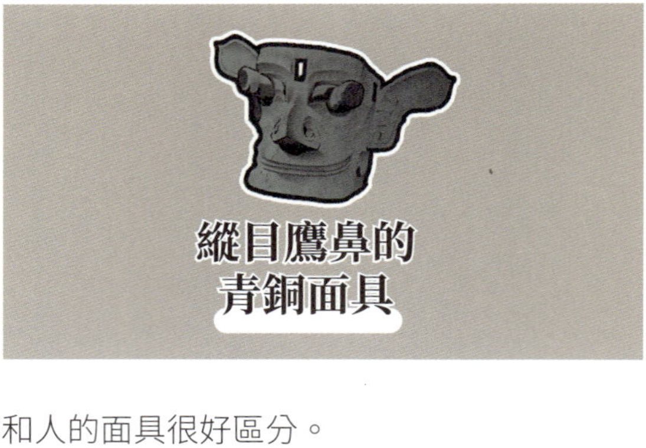
縱目鷹鼻的
青銅面具

表示神和人的面具很好區分。

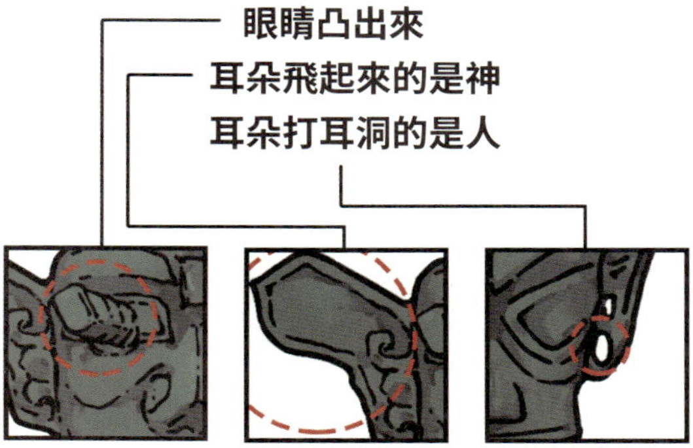
眼睛凸出來
耳朵飛起來的是神
耳朵打耳洞的是人

古蜀人祭祀用的青銅通常分為三組：

A 組是神和樹

在《山海經》《淮南子 · 地形訓》的記載中，世界的東西盡頭，各有一株樹木供太陽鳥棲息。東方的叫扶桑（又名扶木），枝條上翹，與桑樹相似；西方的叫若木，枝條下垂，與柳樹相似，十隻太陽鳥輪班，將太陽從東方背向西方。

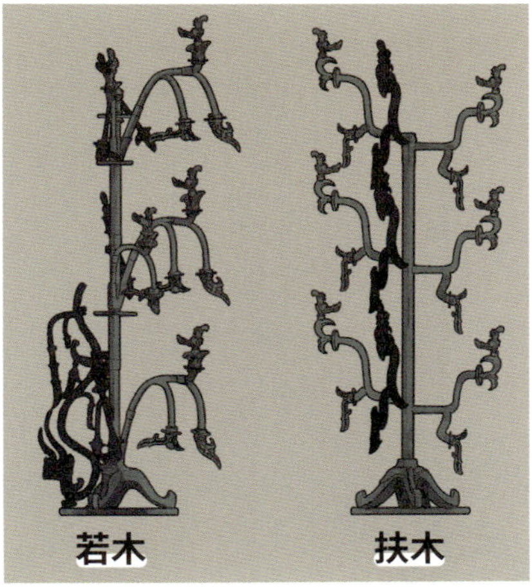
若木
扶木

此外，據記載還有一棵神樹叫「建木」，是眾神上下的天梯。但考古學家們還沒找到。

B 組是侍奉神的人

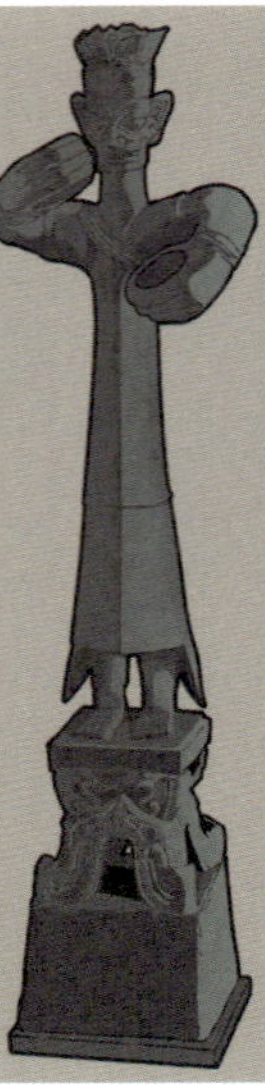

青銅大立人像

一般認為，它是集神、巫、王三者身分於一體的最高領袖。

至於大祭司手中拿的是什麼，有人猜測是商金杖。

商金杖

表示王權神權。
金杖上的圖案很簡單——
魚和鳥扛著箭凱旋，旁邊的人在笑。
有人推測這是古蜀國
魚鳧王朝族徽。

C 組是祭品

例如：各種糕點、牲畜以及其他青銅器等，三星堆還出土了其他青銅人，看似正在祭拜。

這些人物的行為具體是什麼意思，還有待考古學家的研究。

當然，古蜀人不僅有祭祀活動，日常生活也很有趣。他們還發明了類似火鍋的炊具——陶三足炊器，上層可以盛水或者置物，足下可以生火。

在幾千年前，古蜀國人可能在祭祀之後，一邊吃著火鍋，一邊喝酒。

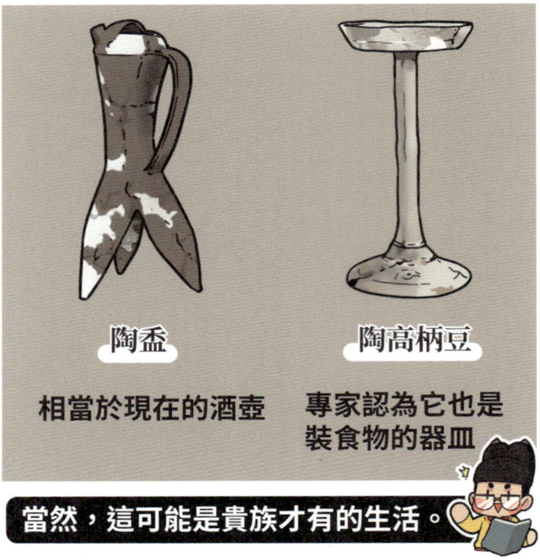
陶盉
陶高柄豆
相當於現在的酒壺
專家認為它也是裝食物的器皿
當然，這可能是貴族才有的生活。

三星堆上的古蜀國為什麼消失了？

雖然三星堆的文物出土時，看起來亂糟糟的。但仔細一看，實際上當時的人們是先放置玉器和青銅器，再放置象牙，再填上土。

這說明當時的人可能是有目的這樣做的。

有一種猜測是，三星堆神權古國為凸顯奇異的觀念而營造的大量神器、祭器，已大大超過了國家的承受能力。

過度的集中人力和物力，以及財富的消耗，再加上氣候突變，加劇了古蜀國經濟的崩潰和社會衝突。統治者覺得神失靈了，開始內訌吵架，於是，他們決定打壞、焚燒全部神器跟祭器，掩埋在土裡。

不過，有人猜測十二橋文化延續了三星堆文化，感興趣的愛卿，可以去中國成都金沙博物館一探究竟。

實際上，三星堆一邊創新，一邊融合，學習了多地區文化因素，其文化主要來自於下列地區：中國中原＋長江中下游＋西北甘青＋川西北＋雲南＋兩廣。

其中，被大家認為是外星人設計的青銅器的造型、紋飾，尤其是龍、虎、鳥、大眼獸面等神祕動物圖像，和我國南方青銅器系統（如湖南）也有密切的關係。

不過，三星堆占地面積是十二平方公里，目前考古挖到的僅占千分之二。我們期待新的考古研究成果。

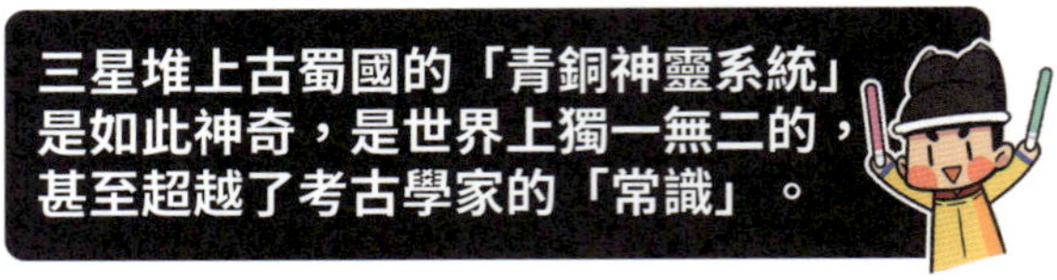
三星堆上古蜀國的「青銅神靈系統」
是如此神奇，是世界上獨一無二的，
甚至超越了考古學家的「常識」。

在燦爛的中原文明外，中華大地上，還有如此獨特的古蜀文明。這也說明了，中華文明有無限的可能跟潛力。

15

朕說歷史商周篇 人類為什麼選擇貝殼當作貨幣？

清末，雲南一些偏僻地區依舊在使用貝殼當作貨幣。

竟有這等好事?!暫停一下，我要去一趟雲南。

直到近代雲南的貝幣才被人民幣完全替代。

好消息就跟我的百萬鉅款
一樣，想過，沒來過。

如果說雲南近代盛行的貝幣，是先秦人民最愛的貨幣品種，也就是大家都用貝殼來衡量物品的價值，你又會產生怎樣的時空錯亂感呢？

為什麼在那麼多珍貴的東西中，人們卻偏偏選擇貝殼當貨幣？而最後又為什麼放棄它呢？

歡迎進入——

先秦貨幣簡史

貨幣出現前，古人是如何「買」東西的？

假設你是新石器時期的一個原始人，只有糧食，但想要一隻鵝。那麼，你可能得走好幾個流程。

不想跑斷腿，那就找個跑腿的。古人從各種商品裡找了個替代品，這就是一般等價物。這時候整個交易過程就簡化了不少。

你好，我想買鵝。
乙
甲
替代品
好啊，就用替代品買，現在我也可以用替代品去買我需要的東西了。

古人挑替代品，講究一個就地取材，村裡什麼最多就挑什麼。

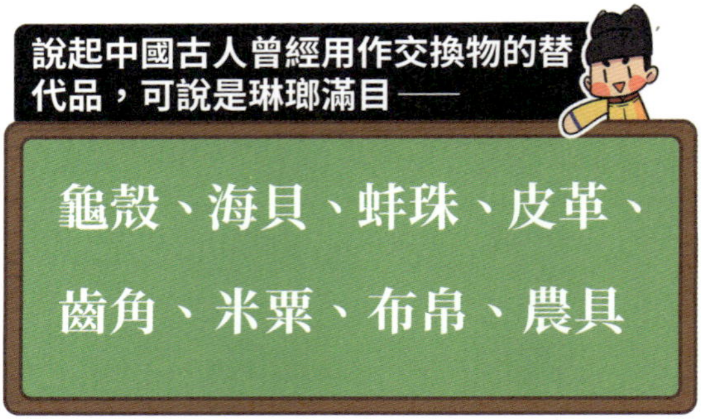
說起中國古人曾經用作交換物的替代品，可說是琳瑯滿目——
龜殼、海貝、蚌珠、皮革、
齒角、米粟、布帛、農具

原始替代品種類多，大小標準不統一，古人又發現一個漏洞——驗貨和找零，堪比算一道函數題。

舉個例子

X 顆粟 ＝ Y 斤牛肉

X 匹布 ＝ Y 顆動物牙齒

乙
替代品
甲
1 匹布可以換 20 顆動物牙齒，但
1 顆粟總不能換 20 斤牛肉吧……

替代品找零麻煩，流通也不順暢，一律被市場淘汰。

按目前的考古成果，在北京周口店的山頂洞人遺址中發現了海貝，在河南殷墟的婦好（商王武丁之妻）墓中挖出六千八百枚海貝，在同時代的四川三星堆有五千枚海貝被埋在祭祀坑裡。目前看來，在這場原始替代品 PK 中，海貝流通順暢，延續到了夏、商朝，可以算是贏家，被尊稱為「貝幣」。

貝幣

那麼，問題來了。

夏、商朝經濟中心在內陸中原，海洋
貝殼這麼少，怎麼流通起來的？

大海貝幣，如何成為中原寶貝？

我們一般認為，商品能被選為一般等價物，前提是數量要足夠。

替代品能穩居貨幣金字塔的前提卻是——人民普遍使用或珍稀品，貝幣正好兩個條件都滿足了。

貝幣堅固不易磨損，能多次使用，體積小，攜帶方便。關鍵是，容易計算，文字就是在數錢中發明的。

一個給你～
一個給我～
一個給你～
一個給我～
一個給你～
一個給我～

＊貧：海貝越分越少，越分越窮。　**＊賤：貝越少越賤。**

隨著海貝的大量流通，跟錢和價值有關的字，大多帶「貝」：貨、財、貧、貪、貸、貴、賤、賞、賜、貢、賀。「貨幣」二字就是在這場流通中被創造出來的。

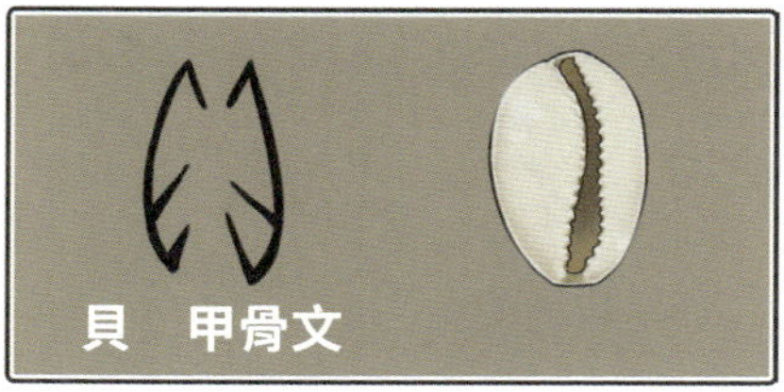
貝　甲骨文

那麼——

住海邊的古人，天天去海邊撿貝殼，豈不是發大財了？

你能想到的古人當然也想到了，他們嚴選珍貴的貝幣，只有兩種能被用來流通：貨貝和環紋貨貝。

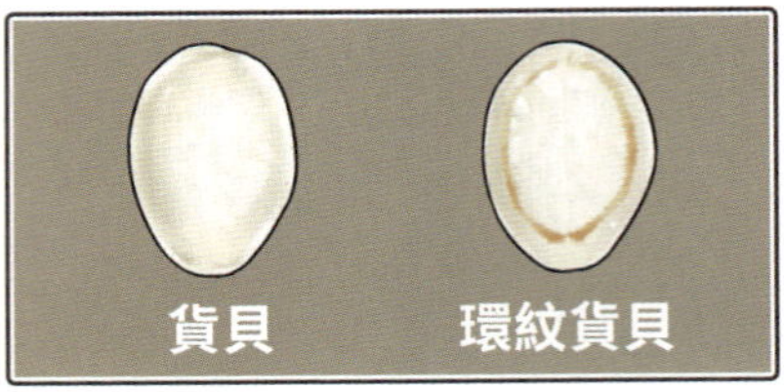

學者目前推測，這兩種海貝產自中國南海、孟加拉灣、馬爾地夫群島等，它倆透過兩條路線被運到中原殷墟等經濟中心，一是經過雲南的蜀身(ㄐㄩㄢ)毒道；二是從歐亞草原地帶經由新疆向中原輸入。商人和遊牧人承接了此次海貝快遞業務。

古代交通閉塞，來自海洋的稀有貝殼居然能貫通中國內陸。這足以說明：

錢買不來友情，但令人意外的是，「朋」這個字的起源和「錢」相關。

商代以前，貝幣是一個一個花。商周以來，貝幣是一串一串花。一串十枚，十枚為一朋。

> 古制貝玉皆五枚為一系，二系一朋。
>
> ——王國維《說玨朋》

貝幣有多珍貴呢？如果遇到君子，古代女子有多快樂呢？誇張到相當於中了百朋幣，那可以買幾百畝地啊！（另一種解釋是學生遇到君子很開心）

> 既見君子，錫我百朋。
>
> ——先秦詩經．小雅《菁菁者莪》

然而，隨著生產力的發展，貝幣逐漸退出交易舞台。中國第一批金屬貨幣，即將叱吒菜市場。

「錢」不讀錢，一把耕田鏟跟錢有什麼關係？

先從認識一個字開始：

金＝青銅；戔＝上下兩把戈＝拿戈互相廝殺。

這些武器組合之後卻變成：金＋戔＝錢＝一把青銅鏟土農具。

寫作「錢ㄐㄧㄢˇ」。

> 命我眾人，庤ㄓˋ乃錢ㄐㄧㄢˇ鎛ㄅㄛˊ，奄ㄧㄢˇ觀銍ㄓˋ艾。
>
> ——《詩經．周頌．臣工》

「錢」雖不讀「ㄑㄧㄢˊ」，但確實跟錢有關。

一把青銅鏟跟錢能有什麼關係？

隨著生意越做越大，海貝也越來越不夠用，正好當時冶銅技術成熟，商王朝就地取材，按照海貝的模樣，設計並推出了中國首款金屬貨幣——銅貝。

商王室低估了市場，青銅仿貝剛推出就供不應求，甚至有人拿著青銅鏟去換生活必需品。

很快，王室發現如果人們不用青銅仿貝，那麼他們就得不到貨幣流通帶來的收入。這就迫使了王室改變政策——鑄造青銅鏟幣。

青銅鏟幣

西周吸取了商朝虧錢的教訓，設立了一個部門——泉府，專門管錢。貨幣也統稱「泉」，意思是錢跟泉水一樣，取之不盡，用之不竭。

但到了春秋戰國時期，貨幣也開始「百家爭鳴」，幣種太多就容易亂，一個人如果千里迢迢找其他諸侯國朋友吃頓飯，結帳時都得因貨幣匯率不同而吵架。

一方水土養一方幣，幣種太多有什麼結果？

春秋五霸，戰國七雄，各國就地取材推出了自家金屬貨幣。三晉（韓趙魏）地區，以耕田為主，使用布幣。

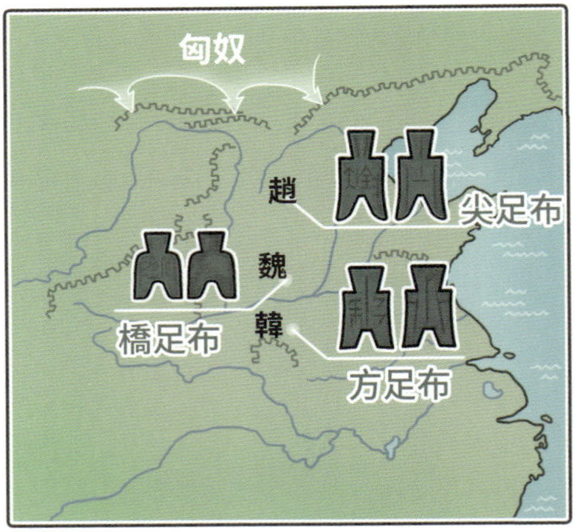

燕國和齊國，靠漁獵和手工業吃飯，燕國的鄰居——戎狄是遊牧民族，習慣用青銅削刀，燕國和戎狄、燕國和齊國長年一邊打架，一邊做生意。久而久之，燕國模仿戎狄削刀鍛造了燕明刀，齊國則設計了齊大刀。

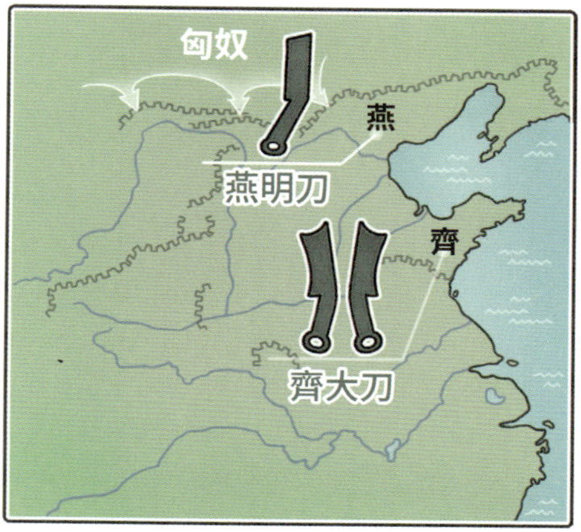

楚國盛產金銅，以金餅和銅貝幣作為主要貨幣，銅貝幣因為獨特的造型，當代人賜名「鬼臉錢」。南宋人則喊它「蟻鼻錢」，因為它的面值很小，相對於貴族使用的「金餅」，可以說是楚國人的零用錢。

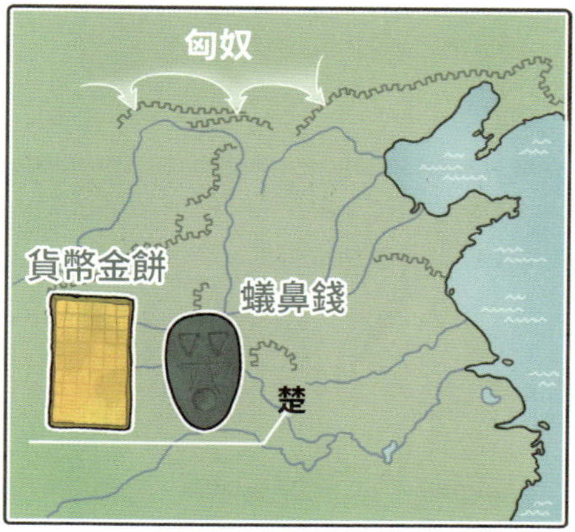

秦國，使用的是秦半兩。當時它並不起眼。

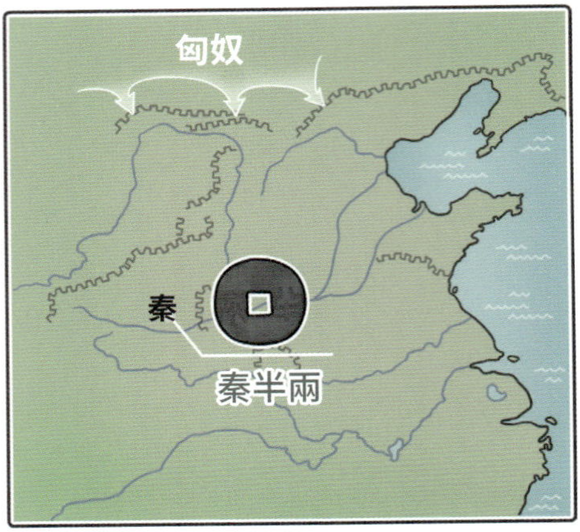
匈奴
秦
秦半兩

各國不僅貨幣不同，還經常更換貨幣，這就導致各國匯率混亂，跨國生意別提有多難做了。

秦一統六國後，把貨幣也統一了，這加強了各地的經濟聯繫，各民族也融合得更快。可以說，幣種的統一跟改變，都跟社會的生產力發展有關。

就是不管錢多錢少，自古以來，正確運用金錢才能為社會帶來更好的發展。

16

朕說歷史
商周篇

為什麼中國人要祭祖？

不知道各位有沒有發現，對比西方人，似乎中國人對祖先的情感更加深厚。我們不僅會定期給離世親人掃墓，還會祭拜民族先祖。為什麼中國人會有這樣獨特的情感呢？

細究起來，還得從一窮二白的華夏打怪史說起了。

總結就是：質疑大自然、理解大自然、融進大自然、超越大自然。

一、質疑大自然，理解大自然

在原始社會階段，人類四肢發達了，但對自我跟大自然的認識有限，在他們的腦海裡萬物皆我，物我不分，萬物不朽。他們採用舉一反三的方法觀察大自然，對於死亡，一開始，人們以為死者是長眠，但眼看著長眠者從腐爛到只剩骨頭，幾年下來，骨頭一天天消失，人們開始迷惑：

骨頭不應該消失啊！
說好的不朽呢！
原始人

他們繼續舉一反三：如果人睡覺時會做夢，那麼靈魂是可以脫離肉體存在的，所以長眠者的靈魂就是永遠離開肉體去了別的世界，所以——

在另一種意義上，這也算是一種不朽。

在遠古時代，人們還完全不知道自己身體的構造，並且受夢中景象的影響，於是就產生一種觀念：他們的思維和感覺不是他們身體的活動，而是一種獨特的、寓於這個身體之中而在人死亡時就離開身體的靈魂的活動。

——恩格斯

《路德維希·費爾巴哈和德國古典哲學的終結》

既然長眠者的靈魂要遠行，那總得帶點東西，以防新世界家徒四壁。

大約三萬年前，北京周口店山頂洞人不僅學會了埋葬屍體，還會在墓穴周圍隨葬赤鐵礦粉末。

有學者提到，赤鐵礦石是紅色石頭，取之不盡，用之不竭，代表血。人生前，血流動不止，死後便會枯竭，生者隨葬赤礦石粉末，希望長眠親人的靈魂在新世界永生。

二、融進大自然

史前人類繼續幻想：如果人有靈魂，那麼萬物皆有靈。回想起在弱肉強食的世界裡被揍的血淚史，他們想找自然界最強的靈魂當保鏢和代表，去跟大自然溝通。

這時自然崇拜的神話就出現了，他們崇拜火種，就創造了火神祝融，他們崇拜太陽，就讓羲和生了十個太陽，輪流上班，他們崇拜飛鳥，認為飛鳥馱著太陽上下班。

上輩子崇拜磚，這輩子搬不完的磚。

> 羲和者，帝俊之妻，生十日。
>
> ——《山海經．大荒南經》
>
> 湯穀上有扶木，一日方至，一日方出，皆載於烏。
>
> ——《山海經．大荒東經》

史前人類從不浪費想像力，專挑實用的自然神保佑，在恐懼時給自己心理暗示，勇敢地熬過旱災洪災。

想要成為我們的神，必須先制定 KPI。
原始人

人類形成部落以後，人們更實事求是。誰給口飯吃，誰打跑野獸，誰就是祖先。祖先崇拜的神話開始口耳相傳。

在這場「誰是老爹」的角逐中，植物、動物和人輪流上崗。樹木生長週期長，人們便崇拜整個森林；哪種動物比較強，就把祖先跟哪種動物融合。

論划水，你是強不過朕的。

對於當時的人類來說，人口數量往往決定著一個部落的合作效率。人多，就意味著參與勞動的人就多，就可以獲得更多的糧食、抵禦更強的野獸。生存的機率就更大。

所以人們就認可繁殖能力比較強的動植物，例如：蛇和葫蘆。

史前人類還沒掌握生育規律，人們並不知道母親哪天懷孕，孩子哪天出生，更不知道誰是孩子他爸，他們一開始將胎動與周圍偶然發生的事物聯繫在一起。

因此，在古籍記載裡，媽媽懷孕生下什麼孩子，取決於部落想獲得哪股超自然力量和神獸保護。

我的部落希望有龍庇佑，所以我就長這樣了。
黃帝

> 母曰附寶，見大電繞北斗樞星，光照郊野，感而孕。二十五月而生帝於壽丘。弱而能言，龍顏。
>
> ——《古本竹書紀年》

隨著人類生產力以及農業的發展，社會分工跟私有財產的出現，史前人類越來越注重孩子他爸究竟是誰，於是父系社會誕生了。

現代社會，一個小孩的思維從幼稚到成熟，只要十幾年的時間。而在人類的童年期，這種思維的成熟，需要幾十萬年，甚至上百萬年的進化才能完成。

不過，大自然畢竟力量強大，夏商周時代，這種人類跟自然結合的神話依舊流傳。神話中，簡狄誤吞玄鳥的卵，生下商朝始祖——契。姜嫄踩到巨人腳印，生下周朝始祖——棄。

三、試圖超越大自然

出現國家和文明前，祖先神是住野外的，農民的祖先神住樹林裡，牧民的祖先神則住敖包。

用武力和生產力統一大大小小的部落後，華夏第一個王朝——夏朝誕生。

人類的想像力裡注入了組織管理學的概念，權威是組織的心理根基，信仰是鞏固權威最好的催化劑，於是夏朝下了血本，把祖先神從戶外搬進宗廟，讓天下人一起祭祀。

夏朝是祖先神的建築工程師，而商朝是祖先神的職業經理人。

史前人類讓祖先神各立門戶，神神平等，商朝為了團結各部落，搞了個創新，讓上帝統領全域，做天地人祭祀公司的大老闆，並規定商王是人間代表，只有他能和上帝溝通。

這裡「上帝」是指統領所有神／祖先的最高級別神靈，這兩個字在龜甲中曾出現過。

商朝將祖先神分為三類：天神（上帝、日、東母、西母、雲、風、雨、雪等）；地示（社、四方、四戈、四巫、山、川等）；人鬼（先王、先公、先妣、諸子、諸母、舊臣等）。

「國之大事，惟祀與戎」，商王每天的興國業務不是拜神就是打仗，看起來業務清閒，不像別的王朝要搞錢搞人搞心態，但對於商王，尊鬼事神不是鞠三個躬就能摸魚下班的事。

他可是連每一朝死去的舊臣都要拜，死去的祖先越多，商王要拜的祖先就越多。

商末的商王，平均每兩天就要祭祖先一次。
掐指一算~

商朝的祭祖不是尊重和紀念，而是一場交易，龜甲卜辭上記著祭祀牛羊、奴隸的數量。

商人希望祖先收到祭品後，給個好評，保佑氏族興旺發達。所以，有時祭祀的奴隸不夠，還會四處征戰掠奪，事情越重要，商王會選地位越高的貴族去人祭。

在商朝人看來，商朝是禍是福，是上帝一個神說了算的，它會隨時降禍於人間，不講道德，不講人性。因此商朝凡事都要占卜祭祀，搞得全國上下疑神疑鬼，活在了玄學的緊張狀態裡。所以，最後以紂王自焚祭天，亡國收場，所以商朝真是興也神權，亡也神權。

> 惟上帝不常，作善降之百祥，作不善降之百殃。
>
> ——《商書・伊訓》

四、「超越」大自然

周公，一個比商王更專業的職業經理人，汲取了商朝滅國教訓——神權治國。他給上帝降職，規定周朝祖先和上帝的地位一樣高，給上帝安排了很多同事，削弱了其職權。

周公甚至設計了王上和上天溝通的考核標準——敬德保命。意思是要是王上德不配位，上天就會關上溝通的一扇窗，王上就會被炒魷魚。周公要的就是——

> 周人尊禮尚施，事鬼敬神而遠之。
>
> ——《禮記．表記》

周公知道大家都有搶破頭上頭香的欲望，為了防止內亂，他還設計了一套新的制度——宗法制，規定誰先拜，誰拜誰，誰可以拜，拿什麼拜。嚴格按照長幼、君臣、男女、地位高低秩序，插隊者勢必嚴懲。

周公還強調，祭祖業績的最終解釋權歸道德所有：要是道德敗壞，燒香再多，祖先也保不住你的飯碗和命。

> 天不可信，我道惟甯王德延，天不庸釋於文王受命。
>
> ——《尚書．君奭》
>
> 惟不敬厥德，乃早墜厥命……王其德之用，祈天永命。
>
> ——《尚書．召誥》

在這兩套操作夾擊下，世人的注意點從神權回到了世俗，從「尊神事鬼」走向了「尊禮敬德」。

在西周，祭祀祖先只是貴族和有錢人的活，溫飽難顧的百姓主拜兩類衣食父母：灶神和門神，吃飽穿暖才是頭等大事，拜列祖列宗的觀念還沒普及。

到了春秋戰國時期，祭祀只圖外在儀式，禮樂崩壞。各國針對祭祖話題開始百家爭鳴，爭鳴的結果是讓人不向外求，向內求，找回人的尊嚴，發自內心追求仁義禮智信。

> 子不語怪、力、亂、神。 ——《論語．述而》

這場跨國大辯論，讓人們真正把目光由鬼神轉向人本身。遠離神道，正視大自然，正視自身，修養內心的良善勇敢，注重人道孝道，發自內心尊重並紀念自家列祖列宗。

趁著鐵農具和牛犁興起，糧食有剩餘，吃飽飯的百姓有能力祭祖了。此時，秦國還給百姓找到了華夏人文始祖——黃帝。事實證明，祭祖為後來大一統的民族心理認同做足了準備。

直到今天，在清明節，祭祀和傳承祖先的習慣，成了中華民族尊重和紀念的儀式。如今，曾經一個個祖先的名字再度「復活」——「他們」離開地球，去了宇宙。

「天問號」和「祝融號」衝向火星，「嫦娥號」和「玉兔號」奔向月球，「羲和號」和「夸父號」跟隨著太陽，北斗衛星實現全球定位。

人類雖不會飛，但在一代又一代人的勇敢和智慧接力下，從「萬物皆我」成長到「萬物不為我所有，皆為我所用」。

人類終於將想像力製成了實用飛船，飛向了浩瀚銀河系，並且不止於銀河。

17

朕說歷史 商周篇

黃金為什麼沒得到中原人的偏愛？

如果要形容一個人品德好到不行，各位會用什麼詞語？

君子如玉！
等等，為什麼是玉？說到貴重物品，不是還有黃金嗎？
那麼，中國人為什麼那麼愛玉呢？

其實，在先秦時期，非中原地區才會偏愛黃金。那麼，黃金為什麼沒得到中原的偏愛？

一、黃金，輸在了起跑線上

新石器時代，遠古人磨了上萬年灰色石頭，偶然發現一塊綠色的石頭——玉。它瑩潤堅硬，綠到發光，成了遠古人的最愛，黃金就這樣輸在了起跑線上。

想生活過得去，身上總要帶點綠。
原始人

八千年前，玉被當作日常首飾，東北地區的興隆窪人開始戴玉玦（耳環）。

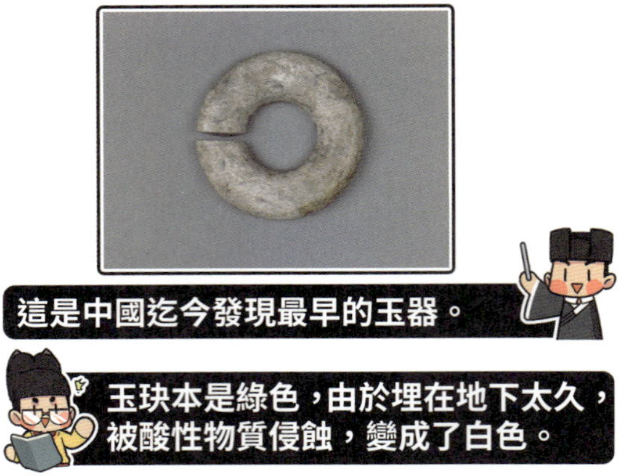
這是中國迄今發現最早的玉器。
玉玦本是綠色，由於埋在地下太久，被酸性物質侵蝕，變成了白色。

6000年前，玉搖身一變，成了東北地區紅山巫師的祭祀法器，用來溝通天地。

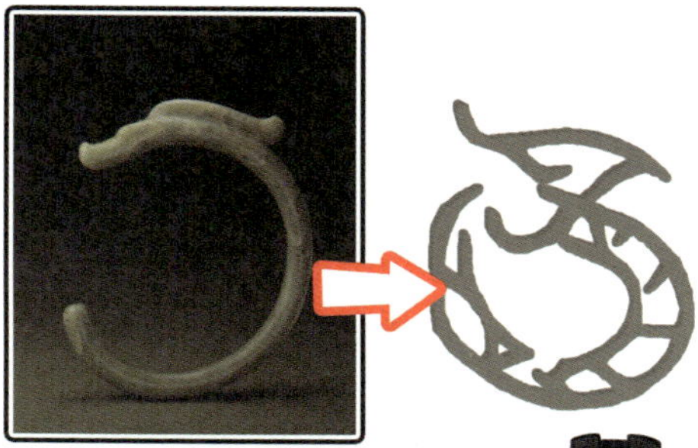

紅山玉龍，中華第一龍，
神似甲骨文的「龍」字。

為什麼玉會被巫師選中呢？遠古人認為，玉是綠色的，大自然的植物也是綠色的，既然植物能吸收日月精華，生生不息。那麼，玉從石頭裡蹦出來，想必凝聚了源源不斷的生命力量。這麼有靈氣，用來溝通天地再合適不過了。

紅山巫師的工作是觀察日月星辰，風雨雷電，從而定時間、定方向。他們佩戴有靈氣的玉來證明自己有溝通天地的能力和權力。

在人類學裡，這種原始思維被稱為「互滲律」，簡單來說，就是原始人將事物跟某種神祕屬性和力量聯繫起來。

就例如，老闆種上富貴竹，第二天發財了，老闆認為這就是富貴竹的作用，而忽略了努力工作的員工。

當紅山巫師用大量玉石陪葬時，遠在中原的仰韶首領用的卻是樸實的彩陶。那麼，玉文化是怎麼傳入中原的呢？

二、全民為玉癡迷

考古學家李新偉認為，史前時期，部落首領和巫師喜歡出差，四處交流，各種技術和神祕知識在此過程中傳播。玉文化也是如此，它從紅山出發，向南向西，傳遍各地。

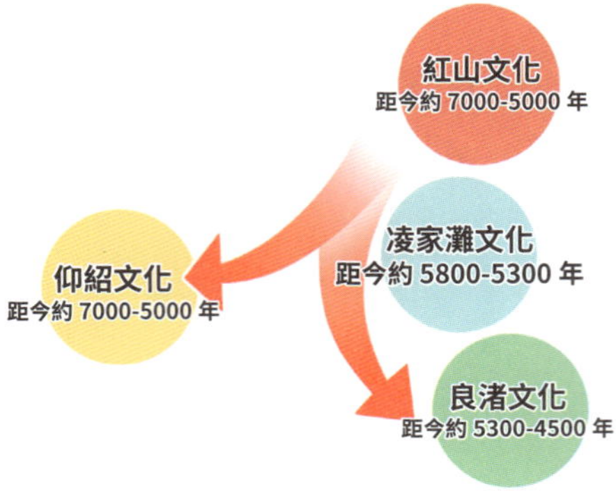
紅山文化
距今約 7000-5000 年
凌家灘文化
距今約 5800-5300 年
仰韶文化
距今約 7000-5000 年
良渚文化
距今約 5300-4500 年

安徽凌家灘文化與仰韶、紅山相隔千里，就出土了和仰韶八卦圖相似的玉版，以及跟紅山相似的玉人。

安徽凌家灘玉版

最南邊的浙江良渚古城，更是將凌家灘的玉文化，傳承到了極致。良渚古城距今五千三百年。它不但修建了中國也是世界最早的水壩，還造出了一個規格跟古埃及胡夫金字塔差不多難度的宮殿。

建造這樣一座超級大城，不但需要大量的人力、物力，還需要嚴密的社會分工和技術支援。良渚管理層是怎麼動員這麼多

人，建設出這超級大城的呢？

浙江省博物館玉琮王

良渚考古隊推測，玉琮在建造良渚古城中發揮了很重要的作用，而就是在良渚文化跟凌家灘文化的交流中，玉琮得以引進並發揮作用。

古人認為，玉琮內圓外方，中部貫通，溝通了三個世界：上界、人類居住的中界、下界。玉琮上的神人獸面紋就代表上界的神。

上部：即將羽化成鳥的神人

下部：河姆渡文化特有的大眼神獸

* 河姆渡文化後來發展成良渚文化

良渚人相信，上界神人既是溝通天地人三界的神靈，也是征戰四方的英雄，還是治國安民的良渚王。

我用玉琮跟神人請示過了，
它說要造個宮殿！
部落巫師
原始人
神人都這麼說了，
那就這麼辦吧！

四千三百年前，全球氣候發生巨變，良渚遭遇了洪水和鹹潮，不再適合耕田和住人。良渚的管理者和精英帶著玉器技術移民，玉琮也在各地流傳開來。此後，夏、商、周朝的二里頭、殷墟、三星堆均出土過這類器物。

玉器在中國大為流行的時候，古埃及人民則製造了溝通太陽神的大量黃金面具和法器。同時，另一種金屬漸漸成為人們的最愛，它就是青銅。

三、青銅也可以成為王者

在當代人眼裡，黃金產量比玉少，冶鑄技術比玉難，古人費了大勁才淘到一點點金，理應物以稀為貴，黃金應該更受推崇才對。

可在夏、商、周時期，人們的眼裡，有比金更有價值的東西。

夏朝建立後，傳說大禹想模仿黃帝，建個大鼎，以此來紀念建國大業。但又怕勞民傷財被人罵，於是他想了個集資的妙招：

哪個州投資，就為哪個州鑄鼎。他不但在鼎上刻上該州的山川河流，還刻上治水時在該州見到的珍稀動植物，為百姓免費科普。

禹收九牧之金（「金」這裡指的是銅），鑄九鼎。

——《史記》

昔夏之方有德也，遠方圖物，貢金九牧，鑄鼎象物。

——《左傳》

最後九大州回應了方案，九個大鼎在中原立足，誰想奪中原天子之位，就先把九個鼎抬走。有了這傳統，商湯滅夏，遷鼎到亳邑，周武王滅商，遷鼎到洛邑。

青銅鼎不但象徵著國家主權，還衡量著國家的實力。鼎越重，國家越強大。

「一言九鼎」中「九鼎」的典故就出自這裡。

商朝為了銅原料，不斷開疆辟土，製造了體重將近一噸的青銅巨無霸——後母戊大方鼎。

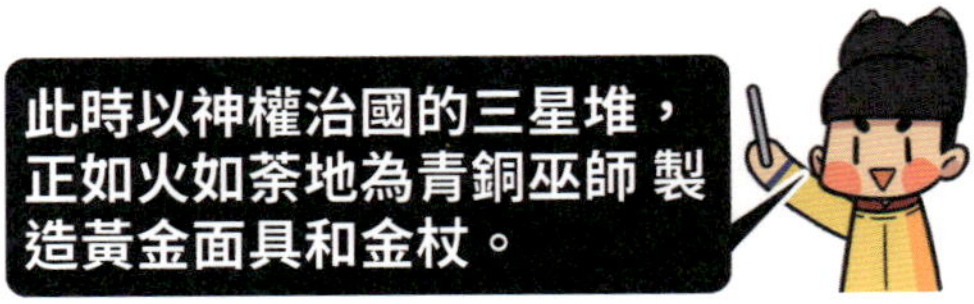
此時以神權治國的三星堆，正如火如荼地為青銅巫師 製造黃金面具和金杖。

周朝更是制定了列鼎制度，誰用什麼鼎，誰用多少鼎，規定得明明白白。

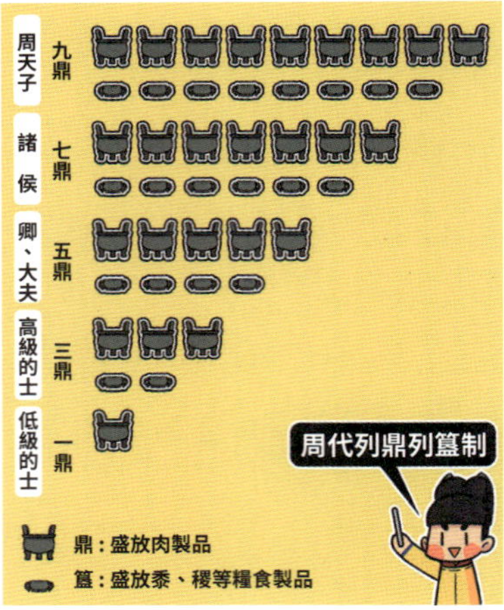
周天子
九鼎
諸侯
七鼎
卿、大夫
五鼎
高級的士
三鼎
低級的士
一鼎
周代列鼎列簋制
鼎：盛放肉製品
簋：盛放黍、稷等糧食製品

周朝做事嚴謹，還規定了祭哪個地方的天用什麼玉。

玉璧

祭天

玉琮

祭地

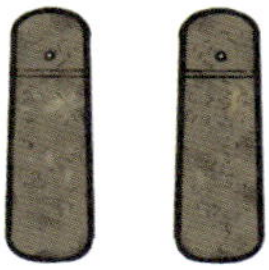

玉圭

祭東方

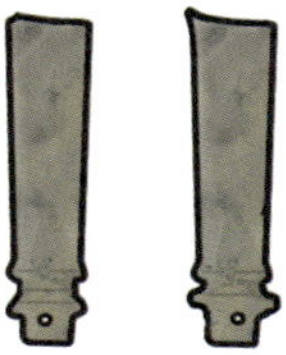

玉璋

祭南方

玉琥

祭西方

玉璜

祭北方

> 以玉作六器，以禮天地四方：以蒼璧禮天，以黃琮禮地，以青圭禮東方，以赤璋禮南方，以白琥禮西方，以玄璜禮北方。
>
> ——《周禮》

這個時期，普通人根本用不上青銅器和玉器，直到禮樂崩壞，各國廝殺，辯論家們開始辯論誰是好人，誰是壞人，孔子才借此重新定義了「玉」。

他認為，君子要像玉一樣，培養上天孕育的十一種品德：仁、知、義、禮、樂、忠、信、天、地、德、道。

所以好人一定是隨身戴玉的。
孔子
這麼說，古代的發好人卡就是發玉，收到的人還沒虧本呢。
這麼想能讓你開心就好，做人嘛，最重要的就是開心。

> 古之君子必佩玉，君子無故，玉不離身。
>
> ——《禮記》

至此，在先秦時期，玉和青銅器被賦予了重要的意義：靈氣、宇宙觀、王權、禮樂、美好品德的象徵。當黃金的冶煉技術席捲中原時，黃金就算再物以稀為貴，也撼動不了玉和青銅在中原的地位。

不過，還是有眼界不一般的國家挑戰玉的地位，那就是楚國！

四、黃金的逆襲

楚國黃金多，是第一個以黃金為貨幣的國家，在當代人看來，楚國管理層識貨，但在當時重銅重玉的中原人看來，楚國人沒文化。

> 金銀天然不是貨幣，但貨幣天然是金銀。
>
> ——馬克思《政治經濟學批判》

不僅如此，楚王還不識玉，和氏在荊山采到了珍貴的玉，先後獻給了楚厲王、楚武王，但他們並沒有賞識，反而讓和氏失去了雙腿。

> 楚人和氏得玉璞楚山中，奉而獻之厲王。厲王使玉人相之。玉人曰：石也。王以和為誑，而刖其左足……武王使玉人相之。又曰：石也。王又以和為誑，而刖其右足。
>
> ——《韓非子．和氏》

直到楚文王時期，玉被剖開後，證實是珍貴美玉——和氏璧。至此，和氏璧成了楚國鎮國之寶，引來各國爭搶：得和氏璧者，得天下，秦國甚至想用十五城騙取，可見和氏璧的價值。

最後的結局，大家也知道了，秦始皇統一天下，傳說他把和氏璧雕刻成傳國玉璽，璽文為「受命於天，既壽永昌」。

上天讓朕當皇帝，就會保朕永享江山，國運長盛不衰。
顯然這也告訴我們不能迷信，因為秦朝存在的時間並不長。

自此各朝皇帝都用玉製造印章。

雖然玉的地位無法撼動，但黃金的地位也在一步步提升中。

中亞的黃金冶鑄技術，是經河西走廊進入中國的，比中國古代青銅冶鑄技術晚了一千多年。

西漢時期，人們發現了察看金光尋找金礦的新方法，漢文帝頒發《酎金律》，規定各地要給中央上繳黃金用以祭祀，諸侯上繳數量不足，會被奪爵削地。在這雙重影響下，黃金產量開始增加。

漢武帝時期，道士宣傳使用黃金器皿能長壽，想長生不老的王室對黃金需求量暴增。

看看秦始皇跟漢武帝，就知道為什麼中老年人被詐騙的機率那麼高。

> 服金者壽如金，服玉者壽如玉。
>
> ——《抱朴子》

張騫出使西域，開通「絲綢之路」後，將成本為四百至六百枚銅錢的中原絲綢，賣到羅馬，能換二十五兩黃金，利潤非常高，大量黃金從羅馬流入中原，中西黃金絲綢貿易越做越旺，黃金的商業地位越來越高。

而到了現代，黃金天然稀缺，不可再生，開採成本高，供應量有限，各國愛金淘金歷史悠久。這些因素導致黃金成了硬通貨，能保值，投資風險低，越來越受大家的歡迎。

不過，如今雖然身處經濟時代，但從夏商周開始，玉，在中國人的心中已經緊緊地跟人的品格、修為聯繫在一起。「君子如玉」仍舊是許多人畢生的追求。

18

朕說歷史
商周篇

中文停止演化了嗎？

網上曾有一個討論：中文停止演化了。其中一個理由是：中文沒有像英文一樣，在出現新事物時，現編單詞和發音。例如說，假如全球改行一周八天制，那星期日的明天叫什麼？

其實，這個理由正好證明了，漢字的系統做得好。基本定義無需反覆運算，也能讓功能隨便拓展、任意組合，絲毫不影響精準表達。

真的有那麼神奇嗎？
來看看漢字的演化、造字法則，你就知道老祖宗們是怎樣以不變應萬變的！

一、文字的誕生：從「畫得像」開始

學會耕田和物物交換後，先民要記的東西太多了，但人的記憶力有限，某個聰明的祖先（傳說是伏羲），就地取材，打結繩子來計數。

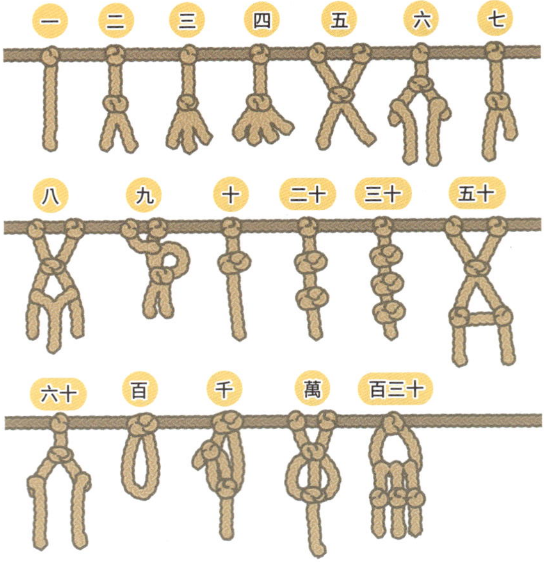
一
二
三
四
五
六
七
八
九
十
二十
三十
五十
六十
百
千
萬
百三十

打結記的都是部落大事，人類最早的腦力勞動者——巫師，會召集大夥兒開會，當場打結。

> 上古結繩而治，後世聖人易之以書契。
>
> ——《周易》
>
> 古者無文字，其有約誓之事，事大大其繩，事小小其繩，結之多少，隨揚眾寡，各執以相考，亦足以相治也。
>
> ——《春秋左傳集解》

時間一長，事情一多，
繩子不夠用了怎麼辦？

石器、龜甲、陶器出現後，巫師開始在上面畫畫和刻符號，考古學家馮時說，先民創造文字的目的，首先就是為實現人與神靈，或人與人之間的溝通和交流。

所以，先民刻符號的首要任務，是讓天、地、人都看得懂，「看到什麼就畫什麼」，最符合任務要求。

照著畫，準沒錯。
這樣的符號，我們稱為「象形符號」。

考古學家在距今 7000 年前的安徽蚌埠雙墩遺址，發現當時的人類不僅學會了象形，還知道會意，說明先民開始有意識地創造符號了。

舉個例子

「豐」是在土堆裡種樹，枝繁葉茂；「周」是在黃土裡種田；「巫」是負責立竿見影定時定位的人；「中」是旗子飛揚，測定風向和方位。符號自己會說話。

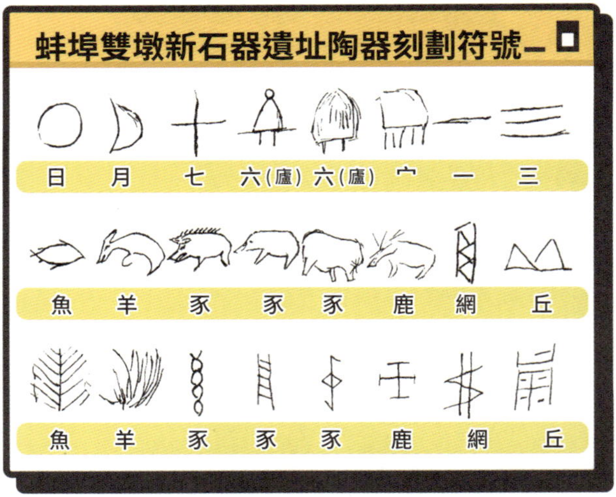

蚌埠雙墩新石器遺址陶器刻劃符號
日 月 七 六(廬) 六(廬) 宀 一 三
魚 羊 豕 豕 豕 鹿 網 丘
魚 羊 豕 豕 豕 鹿 網 丘

圖片出自《中國文字起源時代研究》

這樣的符號有一個優點，那就是無論你身處哪個時代，無論你識不識字，你都能大概知道它指的是什麼。

但隨著部落領土的擴大，部落之間的交流加深，如果符號不系統化，搞一套大家都認可的語言，大家是很難交流的。

二、八千年的文字積累

傳說黃帝的記事員倉頡觀察星空和鳥的足跡，洞察萬物的外在和本質，發明了文字。

> 黃帝之史倉頡，見鳥獸蹄远之跡，知今之可相別異也，構造書契，百工以乂，萬品以察。倉頡之初作書，蓋依類象形，故謂之文。其後形聲相益，即謂之字。
>
> ——《說文解字》

於是上天被感動，下了一場穀子雨，解救了饑荒中的萬民，倉頡自此成了華夏民族的文字始祖。聯合國也將每年四月二十日中國傳統節氣「穀雨」定為聯合國中文日，紀念「中華文字始祖」倉頡造字的貢獻。

當然文字不太可能是由一個人發明出來的，更大的可能是倉頡在收集整理符號的過程中有巨大的貢獻。

> 昔日倉頡作書而天雨粟，鬼夜哭。
>
> ——《淮南子》

考古學家在距今八千年前的河南賈湖遺址的祭祀堆中發現，龜甲、牛骨、骨笛和陶器上有十七 個符號，學者王忠恕和張居中透過對比賈湖符號與商朝的甲骨文，發現有所對應。

賈湖遺址龜甲文陶文等
殷墟甲骨文
目
乙
甲
八
九
日
永

圖片出自《中國文字起源時代研究》

這說明，甲骨文有可能是來源於這些符號的積累。

在《二里頭文化陶字元量化分析》中分析，在龍山文化時期，華夏族就積攢了各部落的精華符號，在可能是夏朝的二里頭文化中，就出現了更多複雜的符號。

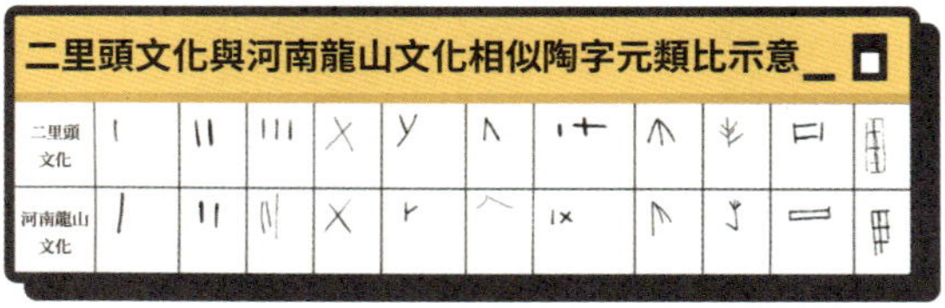

圖片出自《二里頭文化陶字元量化分析》

說夏朝是國家，那夏朝為什麼還沒找到成熟的文字系統？

陶器和甲骨並不是主要文字載體，其他載體容易腐爛損壞，因此保存不下來。但是，四千多年前，疑似大禹時期的山西陶寺遺址中，有一個陶背壺，上面寫著兩個紅色大字「文邑」。

「文」與禹的名字「文命」有關，「邑」則指夏邑，兩字結構和商朝甲骨文基本一致。這意味著商代甲骨文是在繼承夏代文字符號基礎上發展而成的。

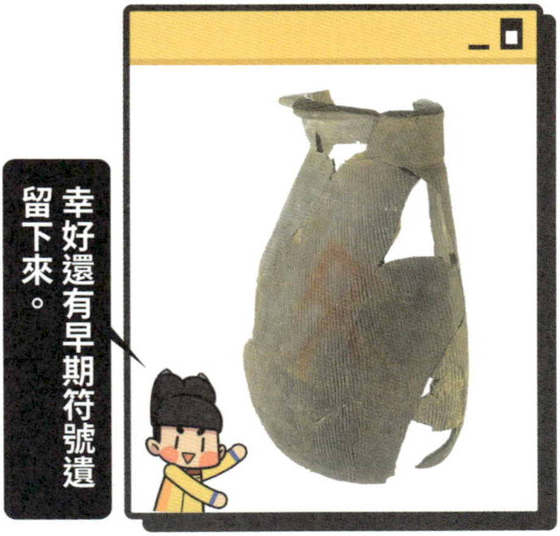

隨著生產力的提高，人們創造的事物越來越多，這就需要更多的符號出現。可是，究竟該怎麼創造呢？總不能每次都按照原型畫下來吧？

三、中國的造字系統有多棒？

商王武丁時期，中國第一個成熟的文字系統——甲骨文終於誕生了，這時文字包含的訊息量就很多了，就例如，史上第一場有文字記載的車禍：武丁車毀人亡。

武丁不聽貞人（巫師）今日不宜出門的卜辭，執意高速追逐野水牛，最後車毀人亡。

看看這兩輛車，一輛翻車了，另一輛毀損了，大型車禍現場。

短短幾個關於車的甲骨文，生動直播了車禍現場，還能看看武丁時代的車長什麼樣。

那為什麼商朝早期沒出現甲骨文？

有考古學家認為，有錢有權後，武丁找來了各個邦國、方國的貞人，有些貞人甚至是邦國小君，組成了商王朝的最強大腦——貞人集團。這群最強大腦帶著自家用了上千年的先進符號，使用象形、指事、會意、形聲、轉注、假借等「六書」方法，整合出四千多字的甲骨文文字系統。

象形
透過「畫成其物」來造字。
火
木
山

指事
用象徵符號表示意義。
上
下
用一橫在曲線的位置，
表示上跟下。

會意

有邏輯地組合不同文字表達一個新涵義。

家

宀＋豕＝房＋豬＝家

形聲

組合兩個文字，一個充當形旁、一個充當聲旁，一個新字誕生了。

聲符「奚」字
一隻鳥的象形

甲骨文「雞」字的第二種形態

碰到不會讀的字，挑一半來讀是有依據的。

轉注

兩個字同形同義，互相通用。

白髮
拐杖

老和考的甲骨文

字形都是一個白髮老人佝僂著腰拄著拐杖

變換字體，誕生新字，這個新字將在以後發展出新的意義。

假借
借同音字的字形來表示。
一
二
三
四
五
六
例如，五用五畫表示太麻煩了，於是，五借同音的「午」的形；同理，六借「廬」的形。

> 《周禮》八歲入小學，《保氏》教國子先以六書。一曰指事。二曰象形。三曰形聲。四曰會意。五曰轉注。六曰假借。
>
> ——許慎《說文解字》

其中，「假借」解決了人們在文字雛形期，字不夠用的苦惱，直接打通了中文由「象形」向「形聲」轉化的通道。不用擔心虛詞和副詞，由於沒實際涵義而難造其字了，以萬能的造字法可應萬變，這是中文能與時俱進，靈活運用到今天的法寶。

舉個例子

當代給化學元素原子等命名時，也用了這方法。

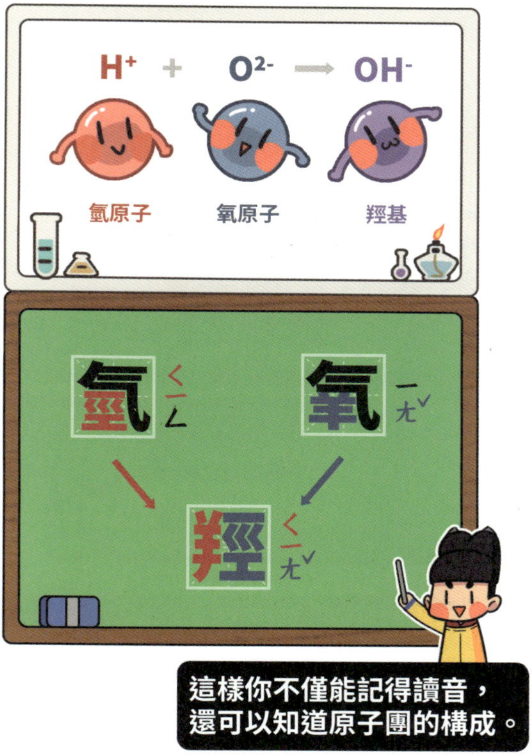
$H^+ + O^{2-} \rightarrow OH^-$
氫原子
氧原子
羥基
氫 ㄑㄧㄥ
氧 ㄧㄤˇ
羥 ㄑㄧㄤˇ
這樣你不僅能記得讀音，
還可以知道原子團的構成。

四、漢字裡的超連結

周朝沿襲了商朝一整套甲骨文文字系統，文字跟著朝代的日常演變，商朝 的「乍冊」是記事員，到了周代就成了史官名字。

> 惟爾知，惟殷先人，有典有冊，殷革夏命。
>
> ——《尚書》

春秋戰國時私學發展，百姓開始識字，百家爭鳴辯論多，大量成語和典故湧現。四字成語背後隱藏著百字故事，中文開始自帶壓縮檔和超連結，只有在長期中國文化環境下生活的人，才有解碼器。這造就了中文是資訊量最高的語言，是其他語言的兩倍還多。

在東周時期春秋戰國的五百年裡，各國推行自己的文字，在文化即將分道揚鑣時，秦始皇統一了六國，統一了文字，並讓全國使用小篆。接著漢代繼承秦制，文武官員會將漢字帶到其管轄之地，文字不再是王權、貴族、世家的專屬品。

實際上，四大文明古國的文字，一開始在同一起跑線上，隨著外族入侵和文化變遷，古巴比倫的楔形文字，古埃及的聖體文字和古印度的哈拉帕文字，都成了死文字，當代人都不認識，文化出現多次斷層。

後來，世界上的文字可以大致分成兩類：表意文字，例如中文；表音文字，例如英文。中文單個元素是有意義的，英語單個元素只能表示讀音，沒有意義。人腦的影像處理功能極為強大，這就是為什麼外國人不習慣看字幕，而中國人透過字幕反而可以加快理解的原因。

相當於看漢字用上了顯示卡加速，英文是聲音，用的是聲音處理模組然後再轉邏輯處理。
懂了，漢字更科學。

> 漢字也許更具有哲學特點並且似乎基於更多的理性考慮，它是由數、秩序和關係決定的。
>
> ——萊布尼茨《人類理智新論》

中文源自原生文明，歷史一脈相承，英文源自次生文明，借用其他斷層文明，在這個資訊時代，承載巨大信息量的漢語優勢更為明顯。

可以說，中文是高級的語言!!

19

朕說歷史
商周篇

跟父姓，什麼時候成了預設選項？

從古至今，絕大多數情況下，我們都是跟父親姓的。

然而在古代，最初
可能是從母姓?!

最開始，姓和氏是兩個不同的東西，是先有了姓才有氏的。那麼姓是怎麼來的呢？

讓我們把姓字拆開，沒錯，是：女、生。所以故事就得從母系社會說起了。

姓
母系社會
氏
父系社會
姓氏合體
秦漢後

在原始社會時期，由於人類智力有限、工具不足，導致打獵這件事就變得——非常麻煩。負責這項工作的男性，不僅帶不回什麼肉，可能連自個兒都帶不回來——類似消耗品，沒什麼地位和價值。

開始了！獵殺時刻！
飽了，你們能不能別再送了。

相比之下，女性主管了生育，在死亡率極高的環境下，她們的存在使得種族能夠延續下去，簡直就是救世主一樣的存在，自然社會地位就會更高，這也就是母系社會。

然而，問題也來了，那時候人們還不知道近親結婚會帶來的後果。所以，大家通常都是部落內部通婚，就這麼一代一代地繁殖下去。

出現的後果就是：一代不如一代，再這麼下去，整個部落未來可能就全是智障了。於是為了部落不致滅亡，姓，就產生了。

畢竟在母系社會裡面，大家基本都沒爹，因為打獵是個高風險職業。

在母系氏族時期，產生的姓大多就帶女字旁，例如：
姬、姜、姒、嬴、
妘、嬀、姚、姞。

那麼這些姓，又是由什麼而定的呢？

有一種說法是，為了方便日常生活，大家建房子組部落的時候，都愛靠著水邊，於是家住哪條河邊，就拿河的名當作姓。

舉個例子

例如，你住在姬水旁，那就姓姬。

> 黄帝以姬水成，炎帝以姜水成，成而異德，故黄帝為姬，炎帝為姜，二帝用師以相濟也，異德之故也。
>
> ——《國語．晉語四》

但是，還有一種說法是，這取決於第一個媽的特性，依舊拿姬來說吧。

它的甲骨文是這樣的——

看上去好像是一個正在跪對鏡子梳妝的女子。

此外，還有其他說法，例如圖騰說，大禹跟母親姓「姒」，是因為大禹部落以前以蛇為圖騰。

總之，有了姓，優生優育也可以開展了，人類的智力和身體都得到了提升。男性的春天終於來了！於是，工具製造能力加強，打獵方面的成功率翻倍，農耕、畜牧也一起發展，比女性更有力氣的男性都占了優勢。這下死亡率大大降低，男性地位得到提升，父系社會到來了。

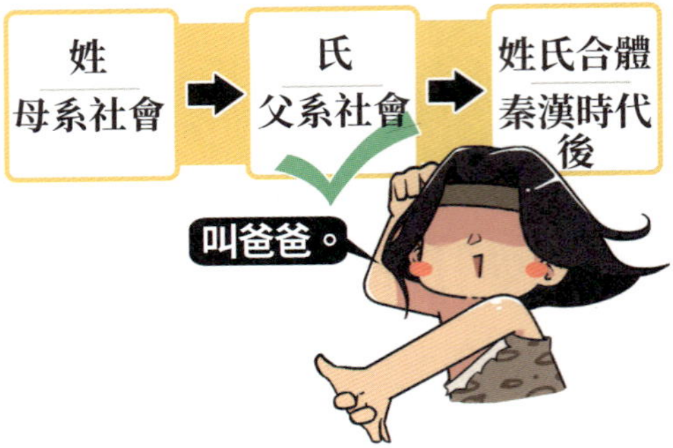
姓
母系社會
氏
父系社會
姓氏合體
秦漢時代後
叫爸爸。

不過隨之而來的問題就是，人死得少生得多，土地就那麼點大，不夠住了——於是有部分人就得搬家了。但是，搬出去後，大家還是一個姓的話，又難以辨別誰是誰了。這下氏就出現了。

起初，氏的命名主要看地點和職業。

舉個例子

黃帝姓姬，住在軒轅丘那裡，氏就為軒轅，而炎帝姓姜，因為是務農小能手，氏就為神農。

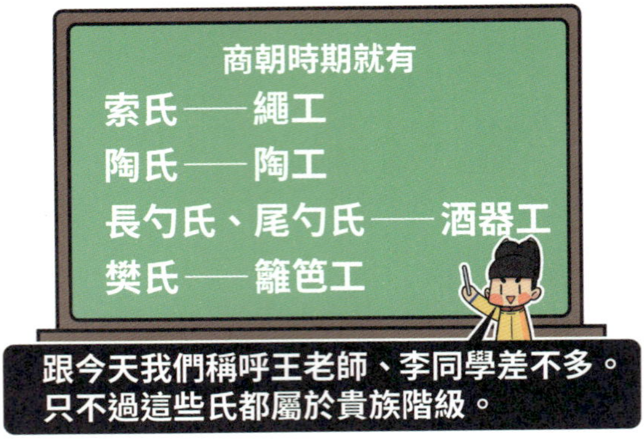
商朝時期就有
索氏——繩工
陶氏——陶工
長勺氏、尾勺氏——酒器工
樊氏——籬笆工
跟今天我們稱呼王老師、李同學差不多。
只不過這些氏都屬於貴族階級。

然而，隨著西周建立，分封制流行了起來，這時候的國家老大就開始給關係戶們發地。你分到哪塊，氏就可以叫什麼，所以從這時候開始，氏就成了貴族的象徵，平民一般是沒有的。

姓——用來防止近親結婚。
氏——用來顯示身分高低。

既然姓和氏都有了，那麼見面該叫哪個呢？ 在春秋戰國時期，男的稱呼氏，女的稱呼姓。

> 三代之前，姓氏分為二，男子稱氏，婦人稱姓，姓氏所以別貴賤。貴者有氏，賤者有名無氏……故姓可呼為氏，氏不可呼為姓。
>
> ——鄭樵《通志·氏族略序》

女性叫法的組成主要是——

祖國國名
家中排行
丈夫／自己的謚號
丈夫國名
丈夫的氏

＋ 姓

此外，還有像「許穆夫人」這樣的特殊稱謂。

例如——

夏姬
姓姬，
丈夫是夏氏，
組成了夏姬。

驪姬
姓姬，
驪戎是國名，
組成驪姬。

紀季姜
姓姜，
出身於紀國。
當時老大稱為
「伯」或「孟」，
老二為「仲」，
老三為「叔」，
最小是「季」，
她排行最小，
因此組成紀季姜。

而男性的叫法組成主要分為皇家版和普通人版。

皇家版：皇親國戚，直接稱爵位。例如你需要全文背誦的：

> 晉侯、秦伯圍鄭，以其無禮於晉，且貳於楚也。
>
> ——《燭之武退秦師》

晉侯就是晉文公、秦伯就是秦穆公。而國君的孩子，取名公式是公子＋名。例如：公子小白、公子扶蘇。

普通人的取名公式是氏＋名。這時候有人就會發現漏洞了。商鞅明明是姬姓，名鞅。公孫氏，為什麼卻叫了商鞅？

別問，問就是優秀！
商鞅

在那個時候，氏代表的是家族、封地等，所以氏是可以變化的。商鞅在老家的時候可以叫公孫鞅，離開老家出去闖蕩，為了顯示自己衛國國君後代的身分，就可以叫衛鞅。後來因為工作表現優異，被賜了商於十五邑，就變成了商鞅。

所以，在司馬遷的《史記》裡，向來姓氏不分。例如，他寫劉邦就是——

> 高祖，沛豐邑中陽里人，姓劉氏，字季。
>
> ——《史記卷八．高祖本紀第八》

至於姓和氏，到底是哪年哪月開始正式合併的，這就沒有具體時間點了。不過至少從秦滅了六國後，社會等級一下子劇變，貴族變成了平民。同時，人口增長，同姓之間的血緣關係越來越稀薄，氏這種身分等級象徵就沒什麼意義了，姓也慢慢就跟氏融合。

（至戰國時代）以宗族為本位的社會形態變為以家庭為本位的社會形態，宗法政治等級已被封建社會等級所代替，廣占田地的身為地主，占地少或無地者就是百姓庶民。同姓、異姓、庶姓已逐漸同化，家庭內實行一夫一妻制；社會等級的分辨普遍不復以族類作為尊卑貴賤的標準。

——李向平《春秋戰國時代的姓氏制度》

原本我們都姓王，不能結婚
現在不一樣了。

秦始皇廢了分封制度，實行郡縣制，由中央直接管理地方，直接取代了分封制中的利用血緣關係管理。直到漢朝，姓跟氏差不多完成了合併。

早點這樣不是方便多了嗎?!

秦滅六國，子孫皆為民庶，或以國為氏，或以姓為氏，或以氏為氏，姓氏之失自此始。

——《通志・氏族略序》

「百姓」這個詞已經從指代貴族，變成平民了。

而這一切的一切，最後的大贏家，無疑就是黃帝了。因為能生，所以一個姬姓撐起了無數的延伸姓，姬姓及其延伸姓，占了百家姓 82%的份額。

黃帝
不愧是我。

二〇二二年，基於第七次中國全國人口普查資料的新版「百家姓」中，排名前三的王、李、張都有來源於姬姓的說法。所以，從姓名來說，中華民族都是一家人。

而現在看起來雖然流行跟父姓，但最終源頭可能還是跟媽姓的。

20

計算時間竟然可以拯救一個國家？

朕說歷史
商周篇

一年有四季，有十二個月，一天有二十四小時，這看似平平無奇的常識，要放在古代，你要是知道了，絕對是個了不起的大人物！

為什麼？
呼～
呼～
對於遠古人類來說，誰能測準時間誰就是老大！

一、遠古：一腿一杆一表，以空間定時間

傳說伏羲這個部落首領，發明了曆法和八卦。

七、八千年前，先民利用太陽的影子測方位，這就是中國最古老的天文測量方法——立竿見影。

一開始他們用自己八尺身高測，之後製造工具——圭表，根據正午影子長短，先民測出了一年四時：夏至、冬至、春分、秋分。這是陽曆和二十四節氣的雛形。

周髀，長八尺……髀者，股也……髀者，表也。——《周髀算經》

在此基礎上，先民們還利用兩條繩子，用符號「十」做記號，測出五方位：東南西北中。

新石器時代的房子，能朝向正南正北（或正西正東），正是採用這方法測出的。這種方法還成為「立中」「中原」「中國」這些地理概念產生的萌芽。

當時沒有地圖，每個部落都希望且以為自己就處於天下正中間的位置。

十，數之具也，一為東西，一為南北，則四方中央備矣。——《說文解字》

一般來說，只有部落首領才能掌控這項立表計時、計方位的時空祕密。首領也是大巫（巫師的最高等級），代表人們溝通天地，知曉時空。他們透過授時於民，教人們認識和利用時空，來獲得權力，夸父就是其中一員。

在《中國古代物質文化史·天文曆法》中推測，作為大巫，夸父有杖和四條黃蛇在身，杖是授權授時和用來定位的工具，蛇是代表中央的社神，黃色是中央之色。

【夸父】
愛好：跑步
癖好：玩蛇
工作：帶薪玩蛇跑步
聽說他能計算時間。
那還等什麼啊，他就是我們的老大！

> 大荒之中，有山名曰成都載天。有人珥兩黃蛇，把兩黃蛇，名曰夸父。
>
> ——《山海經．大荒北經》

所以，夸父負責立表授時，制定曆法，找出天下最中間的那個位置，結果楷模工作未半，而中道渴死（另一個說法是兩個部落打仗，夸父戰死）。

我就不能雙休嗎?!

> 夸父不量力，欲追日景，逮之於禺谷。將飲河而不足也，將走大澤，未至，死於此。
>
> ——《山海經．大荒北經》

當然，日出而作日入而息，太陽、月亮、星空是先民生活的鬧鐘和導航，先民必須物盡其用。比起圭表，先民開荒用得最勤的還是一雙眼。

再怎麼用眼勤奮，都不能直視太陽，別問我為什麼眼睛瞎了。

二、遠古：兩顆星，一條銀河，定時間

遠古人民開荒能找著方向、吃到飯得靠兩顆星——北極星和大火星。北極星最亮，負責導航，附近的北斗七星負責吃飽飯，它的斗柄會在春夏秋冬分別指向四個方向，百姓靠它知道播種、收成時間。

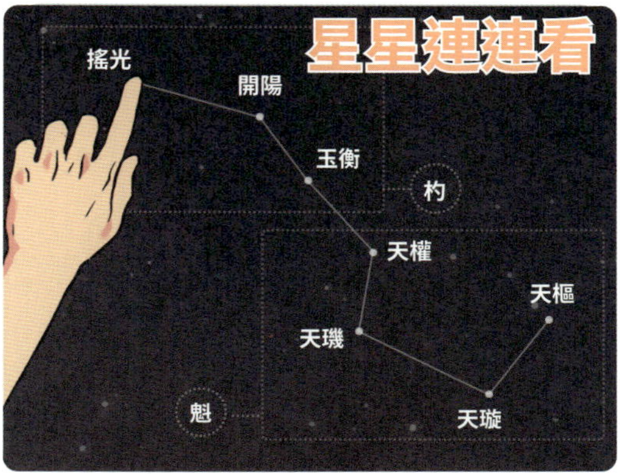
星星連連看
搖光
開陽
玉衡
杓
天權
天樞
天璣
魁
天璇

大火星，比北斗七星更早參與耕田事業，專管春耕秋收。對於農民來說，焚田是耕田第一步驟，這個時間必須掐得準，太早焚田，種子播種後沒有雨水就會枯死。太晚焚田，雨季來臨時地還在發熱，種子不會抽芽。

這就得像是朕在這裡遇上愛卿，時間剛剛好。

先民發現，當大火星黎明在東方出現時，是焚田的最好時機，這個時機就叫「春分」。當它在西方「消失」時，那就能收成了，這個時機就叫「秋分」。

顯然，大火星關係到人們吃飯大業，那必須設立專門崗位。
顓頊
看啊，老大多麼英明。老大正散發著魅力！

遠古人文始祖顓頊，於是設立了火正崗位，來觀測大火星，一來確定四時，二來測星宿圖。

> 火紀時焉。
>
> ——《左傳．襄公九年》

等測出星宿圖後，大火星被改名成心宿二，它就在東方蒼龍七宿的龍心上。作為專管吃飽種田的星宿，龍這個星象成了部落和文明的圖騰，人人都是龍的傳人。

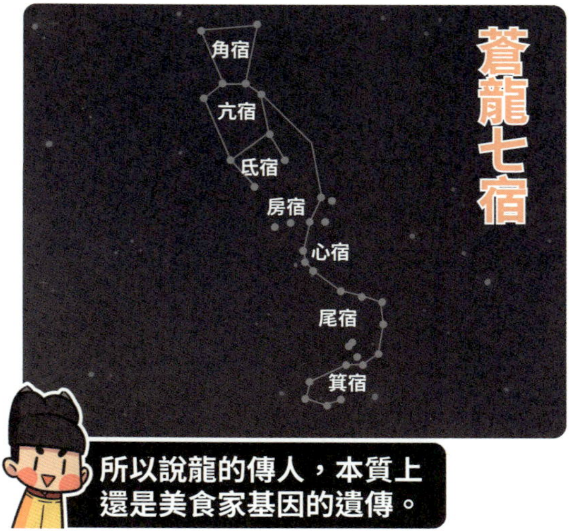
蒼龍七宿
角宿
亢宿
氐宿
房宿
心宿
尾宿
箕宿
所以說龍的傳人，本質上
還是美食家基因的遺傳。

後來，巫師們根據八卦等演算法，推算出其他星星的位置。考古學家馮時猜測，一開始，這些演算法是用來記錄日月影子變化、星辰流轉，預測天氣氣候、土地濕度的。後來，有的巫師用來占卜，揣測神意，藉以壟斷曆法權和天權。

為了杜絕天上干擾人間的占卜亂象，傳說顓頊派人截斷人與神溝通的天梯，讓神與人各司其職，互不來往。

> 顓頊受之，乃命南正重司天以屬神，命火正黎司地以屬民，使復舊常，無相侵瀆。
>
> ——《國語》
>
> 乃命重黎，絕地天通，罔有降格。
>
> ——《尚書》

三、夏朝：十月曆，失未來

隨著各部落走向融合，國土面積越來越大，夏朝建立了，但曆法越來越不準確。

曆法混亂，是其他部落派兵來矯正並奪權的好時機，在《中國古代物質文化史．天文曆法》中推測，「后羿射日」神話與曆法矯正有關。

在夏之前的堯帝時期，天上出現十個太陽，民不聊生，

堯帝派出來自東夷的射箭高手后羿，射下了九個。《孟子》記載，后羿最後被小人逢蒙殺害。

夏朝初時推行十月曆《夏小正》，即把一年分成十個月，但由於不符合太陽公轉的規律，用久了就會出現偏差，導致農業歉收，進而讓百姓餓肚子，天下大亂。

《史記》和《左傳》記載，夏朝第四任君主仲康死後中原大亂，東夷有窮部落的首領「羿」，趁機進入中原，巧合的是這位「羿」也是射箭高手，奪權後也被小人殺害了。

帝中康時，羲、和湎淫，廢時亂日。

——《史記》

昔有夏之衰也，后羿自鉏遷於窮石……浞殺羿。

——《左傳》

在神話裡，后羿的東夷老鄉是火神閼伯，掌管著先進曆法，后羿負責將曆法推廣到中原。

這場推廣，究竟是在堯帝時期，還是夏朝？當前的考古文物無法考證，但可以確定的是，擔任火正和火神的閼伯正是商朝的始祖——契。

看著只是普普通通的曆法，實際上包含著天文、地理、算數……能有這些知識的領導也弱不到哪裡去……

四、商周：十天干，十二地支，定未來

契建立商朝後，商人將大火星命名為「商星」。由於崇拜天下之中，王都所在位置叫中商。

作為理解時間的完美決定，商人將其發揚光大，設計陰陽合曆，並做出一個體系，這也是目前世界上最古老最完善的曆法體系。

只有讓時間得以計算，你才能給打工人制定上班和加班時間。
滴～上班打卡
商朝人

商人崇拜太陽，前面七個先王名字跟太陽光有關，例如：契是黑夜之神，昭明是光明，兩人從黑夜走向光明，象徵晝夜循環。從第八個商王開始，改用天干地支取名，一個商王一個號碼牌，因為那時殷人開始用天干＋地支搭配紀日。

十日神話趣說了十天干來源，帝俊和羲和生了十個太陽，太陽寶寶們住在東方扶桑樹上，拿著搬磚工牌：甲、乙、丙、丁、戊、己、庚、辛、壬、癸，輪流坐太陽鳥去值日。

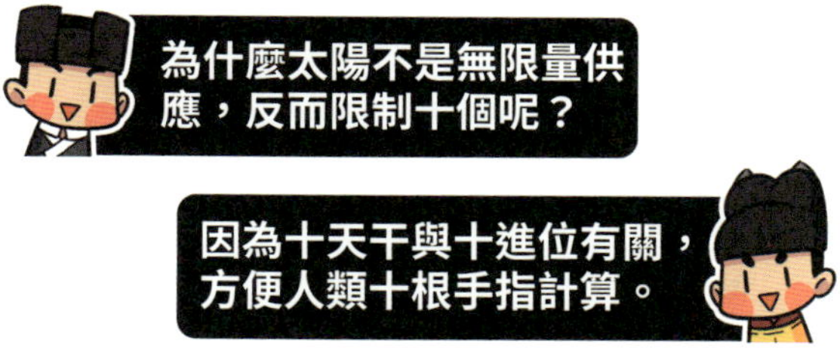
為什麼太陽不是無限量供應，反而限制十個呢？
因為十天干與十進位有關，方便人類十根手指計算。

> 明夷，日也。日之數十，故有十時，亦當十位。
>
> ——《左傳．昭工五年》

帝俊的第二任妻子常羲生下了十二個月亮，十二個月亮同樣拿著工牌：子、丑、寅、卯、辰、巳、午、未、申、酉、戌、亥，輪流賺工資。

商人還將一日分為十二時辰，一時辰兩小時，也用十二地支命名。

天干搭配地支，可以用來計算日期和時辰，一日十二時辰，從甲子到癸亥，六十日為一輪，六十年為一甲子。這套時間的計算方式，循環使用了三千多年。

周人沿用了商朝的曆法系統，還將「中原、中國」的方位理念發揚光大。西元前一〇三九年，周成王鑄造的青銅器上刻著一段銘文：餘其宅茲中國，自茲乂民。《詩經》也解釋了什麼叫中國：民亦勞止，汔可小康，惠此中國，以綏四方。

周人接棒完善遠古萌芽的節氣和星宿，二十四節氣和二十八星宿的名稱與雛形，在戰國制定完畢，也同樣沿用至今。回顧世界上的其他曆法——

古埃及文明
一年三季的太陰曆
古巴比倫文明
六進制的陰陽合曆
古印度文明
受到侵略，
文化斷層，文字失傳

這些文明的曆法都消失了，唯獨中華文明的曆法傳承至今。

這背後是穩定的農耕文明，一代又一代中國人的科學測算，不斷地進行知識更新……這就是世界上獨一無二的中國人的智慧！